CAMPER-GLÜCK

DIE SCHÖNSTEN NATUR-CAMPINGPLÄTZE in Deutschland

Anna-Lena Knobloch

BRUCKMANN

Inhalt

Westdeutschland 100

Süddeutschland 136

Sonnen am Strand – das ist der perfekte Urlaub.

Vorwort

EINFACH MAL RAUS, dem Alltag entfliehen und den Wecker zu Hause lassen. Keine Termine, keine Verpflichtungen und auch kein durchgetaktetes Sightseeing-Programm mit Punkten, die abgearbeitet werden wollen. In der Natur entspannen und die Seele baumeln lassen, Deutschland bietet so viele Möglichkeiten für wunderschöne Ausflüge ins Grüne. Mit dem Wohnmobil unter mächtigen Bäumen oder an einem klaren See stehen und morgens vom Vogelgezwitscher geweckt werden. Nach einem ausgiebigen Frühstück die herrliche Umgebung erkunden oder einfach nur im Liegestuhl sitzen und ein Buch lesen – mehr braucht es nicht.

Deutschland ist eines der am dichtesten besiedelten Länder Europas und dennoch zugleich ein Naturparadies. Es gibt unzählige große und kleine Nationalparks, Biosphärenreservate und Naturschutzgebiete. Sie verteilen sich auf die Küstengebiete, beherbergen die letzten Urwälder des Landes und erstrecken sich über mächtige Berge. Kein Verkehrslärm und keine stickige Luft, nur Natur und der Himmel darüber. Jeder, der schon einmal den Blick über ein weites Tal hat schweifen lassen oder am Strand die Nase in den Wind gehalten hat, weiß, wie gut das tut. Tief einatmen, ausatmen und den Moment genießen.

Möglichst nah an der Natur und im Einklang mit ihr leben, im Urlaub sollte der Naturschutz ebenfalls mitgedacht werden. Nicht nur nah an der Natur, sondern auch nachhaltig urlauben, das wünschen sich heute immer mehr Menschen. Gerade die Betreiber von Campingplätzen in den schönsten Ecken Deutschlands wissen die Natur um sich herum zu schätzen und unternehmen große Anstrengungen, diese zu erhalten. Klein und grün, und das im wahrsten Sinne des Worte: Das sind die Plätze, die auf den folgenden Seiten vorgestellt werden.

Nichts wie raus
in die Natur!

Die Natur in Ruhe genießen, ganz ohne Motorenlärm

Nord-deutschland

↑ Über die Düne und direkt ans Meer

↓ Der Platz wird mit 100 % Ökostrom versorgt.

1 Sonne, Sand und Dünen

NUR DER DEICH TRENNT das Belt-Camping-Fehmarn im Nordwesten der Insel von der Ostsee. Direkt hinter dem Naturstrand und den Dünen beginnen schon die parzellierten Stellplätze. Im hinteren Teil des Platzes gibt es sogar die Möglichkeit, auf einer Wiese am Deich mit Meerblick zu stehen. Hinter dem langgezogenen Platz liegt bereits wieder ein Binnengewässer, mehr Natur ringsherum ist also nicht möglich.

Genau dafür zieht es jedes Jahr von April bis Oktober die Gäste hierher – um die atemberaubende Natur Fehmarns in vollen Zügen zu genießen. Die Nase in den Wind strecken, die salzige Luft einatmen und den Blick über den schier endlosen Strand schweifen lassen: So ist Urlaub doch am schönsten. Der nördliche Nachbar Dänemark ist auch schon in Sicht. Die Fähre nach Dänemark legt im Norden der Insel ab.

Ein toller Ort, um den Ausblick und den Sonnenuntergang zu genießen, ist die kleine Aussichtsplattform Westermarkelsdorfer Huk, die man mit einem schönen Strandspaziergang gen Westen erreichen kann. Ein Stückchen weiter befindet sich der gleichnamige Leuchtturm – das perfekte Motiv für ein Erinnerungsfoto aus dem hohen Norden. Das lässt sich gleich mit einer Gassirunde verbinden, denn Hunde sind hier ebenfalls willkommen.

Auf dem großen Areal gibt es alles, was man als Camper so braucht. Eine Pizzeria mit Außenbereich und ein Kiosk sorgen für das leibliche Wohl der Gäste. Für Klein und Groß gibt es Spielplatz und Volleyballfeld. Die modernen Sanitäranlagen lassen keine Wünsche offen. Wer spät anreist oder etwas günstiger stehen möchte, der kann den Wohnmobilhafen vor den Toren des Platzes nutzen.

Belt-Camping-Fehmarn · Altenteil 24 · 23769 Fehmarn · Tel. 04372/391
belt-camping-fehmarn.de · GPS: 54.529009, 11.092489

2 Fernweh nach der Insel

DER NAME DER INSEL FEHMARN geht auf das slawische »fe mer« zurück und bedeutet schlicht »am Meer gelegen«. Diese Beschreibung ist für eine Insel auf jeden Fall schon mal zutreffend. Die drittgrößte Insel Deutschlands ist sowohl per Fähre als auch über die 1963 fertiggestellte Fehmarnsundbrücke erreichbar. Neben zahlreichen Stränden gibt es 300 Kilometer Fahrradwege, die Orte auf der ganzen Insel miteinander verbinden. Fehmarn ist bekannt für seine wunderschöne Natur.

Ein Ausflugstipp ist das NABU Wasservogelreservat bei Wallnau, das von März bis Oktober geöffnet ist. Auf dem Naturerlebnispfad können die Besucher in die Welt der Vögel eintauchen und sie von versteckten Plattformen aus beobachten. Abtauchen der anderen Art kann man im U-Boot-Museum. Zwar liegt das Boot im Hafen von Burgstaaken auf dem Trockenen, doch im Innern kann man die beengten Verhältnisse bei einem Einsatz unter Wasser gut nachvollziehen. Gut, dass man sich hier nicht auf hoher See befindet, sondern in der »größten« Kleinstadt Fehmarns, so ist es zum leckeren Eis nach dem Museumsbesuch nicht weit.

Im Westen der Insel hat ein Mini-Camping Einzug gehalten. Auf dem Bauernhof der Familie Kleingarn geht es gemütlich und unkompliziert zu. Die Camper verteilen sich auf zwei Grundstücke rund um den Hof. Die sanitären Anlagen (inklusive Waschmaschine) sind in der Scheune untergebracht. Zum Wasser sind es nur einige hundert Meter. In der Hauptsaison sind es vor allem Familien, die hier ihr Zelt aufschlagen oder WoMo parken. Es gibt einige Leckereien direkt vom Hof. Der Platz hat auf Anfrage das ganze Jahr geöffnet.

Bauernhof Kleingarn · Dörpdiek 10 und Gollendorfer Weg 11
23769 Fehmarn · Tel. 04372/707 · bauernhof-kleingarn.de
GPS: 54.457691, 11.042052

↑ **Ein typisch norddeutscher Hof wartet hier auf die Gäste.**
↓ **Auch die Vierbeiner fühlen sich hier pudelwohl.**

↑ Mit der Knutschkugel an die Ostsee

↓ Hier kann man direkt am Strand stehen und den Wellen lauschen.

3 Hühnergötter an der Ostsee

AUF EINEM DER ÄLTESTEN CAMPINGPLÄTZE Schleswig-Holsteins geht es etwas anders zu als auf anderen Plätzen. Frei nach dem Motto »We camp differently« heißt es im Camp Langholz »leben und leben lassen«. Ob in der ersten Reihe mit Blick aufs Meer oder im umgebauten Zirkuswagen, das kleine Strandcamp hat viel zu bieten. Kinderanimation und durchgeplante Programme gibt es hier nicht, dafür geselliges Beisammensein am Lagerfeuer und Live-Musik an den Wochenenden. Und sollte es doch einmal zu trubelig werden, erwartet jederzeit der schier endlose Ostseestrand die Besucher. Bei der Suche nach Steinen mit einem Loch in der Mitte, den sogenannten Hühnergöttern, ist jeder Alltagsstress im Nu vergessen. Die sind nicht nur hübsch anzusehen, sie sollen auch Glück bringen!

Nicht nur der Campingplatz ist schön übersichtlich, das gilt ebenso für die Umgebung. Auf der Halbinsel Schwansen in der Nähe von Eckernförde gibt es Strand und Meer pur! Die hügelige Landschaft lässt sich am besten mit dem Rad erkunden. Vorbei an traditionsreichen Herrenhäusern und Gutshäusern lohnt sich ein Ausflug in das beschauliche Eckernförde.

Auf die Spuren der Wikinger begibt man sich im Museum Haithabu – es ist ca. 30 Kilometer vom Platz entfernt. In der Ausstellung und den rekonstruierten Häusern erfährt man faszinierende Details über das Leben der Wikinger, die bereits vor 1000 Jahren internationalen Fernhandel betrieben haben. So fanden auch orientalische Schmuckstücke ihren Weg in den hohen Norden. Zurück von der Zeitreise gibt es im Camp erst einmal einen heißen Tee in der Strandräuber Spelunke. Der kleine Kaufmannsladen ist ebenfalls gut bestückt mit regionalen und nachhaltigen Produkten.

Camp Langholz · Fischerstraße 9 · 24369 Waabs · Tel. 04352/911484
camp-langholz.de · GPS: 54.512597, 9.982483

4 Ja, was denn nu'?

WEDER FLUSS NOCH FJORD, weder Meer noch See – schwer zu sagen, was die Schlei genau ist. Die korrekte Bezeichnung lautet glaziale Rinne, ein nüchterner Name für eine der schönsten Ecken Norddeutschlands. Auf einer Länge von 42 Kilometern schlängelt sich die Schlei von der Ostsee aus ins Landesinnere bis nach Schleswig. Sie ist ein Mischgewässer aus Salz- und Süßwasser, das umso salziger wird, je näher man der Ostsee kommt. Hier im Westen, auf dem letzten Drittel ins Landesinnere, ist der Salzgehalt nicht mehr so hoch. Wer ihn testen möchte, muss vom Wohnmobil aus nur einige Meter gehen.

Auf dem Naturcampingplatz Hellör gibt es Stellplätze direkt am Ufer mit Blick auf die malerische Wasserlandschaft. Es gibt eine kleine Badestelle und einen eigenen Bootsanleger. Der familiär geführte Platz ist für ca. 110 Camper, davon 55 Touristenstellplätze, ausgelegt und ist eine Oase der Ruhe. Von April bis Oktober gibt es hier Entspannung pur in der Natur. Als Highlight kann die »Schlei-Sauna« im holzbefeuerten Saunafass gebucht werden. »Schwitzen mit Ausblick« heißt es hier, denn das Fass steht direkt am Schleiufer.

Das Umland wartet mit schönen Wanderwegen im Naturpark Schleiregion auf Entdeckung. Der nachhaltige Tourismus soll gefördert werden. So gibt es Themen-Wanderwege zur Umweltbildung und einige Stationen zur Vogelbeobachtung. Wer hier Urlaub macht, der sucht und findet Natur. Für Kulturelles und Sightseeing in Schleswig, Eckernförde oder Kappeln empfiehlt es sich, Fahrräder dabei zu haben oder auszuleihen. Fahrräder und auch Kanus können im Örtchen Goltoft, einen Kilometer vom Platz entfernt, ausgeliehen werden. Wie sollte man auch eine Wasserwelt besser erkunden als mit dem Paddel in der Hand?

Naturcampingplatz Hellör · Hellör 1 · 24864 Brodersby-Goltoft
Tel. 04622/533 · camping-helloer.de · GPS: 54.536710, 9.733194

↑ Die Schlei ist ruhig und ideal für entspannten Wassersport.
↓ Entspannung pur, mit Blick aufs weite Wasser

↑ Auch an den Gebäuden erkennt jeder: Wir sind an der See.
↓ Zwischen Hecken sitzt man gemütlich und windgeschützt.

5 Schafe zählen am Deich

SO KÖNNTE DER PERFEKTE TAG hier aussehen: Nach dem Aufstehen geht es erst einmal auf den Deich, den Schafen Hallo sagen. Streicheln lassen sie sich zwar nicht, aber niedlich sind sie – wie kleine Wolken auf dem saftigen Grün des Deichs. Dabei sollte man gleich schauen, ob gerade Flut oder Ebbe ist, denn mal ehrlich: Wer merkt sich schon die Abstände der Gezeiten?
Erfrischt von der steifen Brise, die hier eigentlich immer weht, geht es dann die wenigen Meter zurück auf den Mini-Campingplatz Am alten Seedeich, wo der Camper windgeschützt zwischen Hecken steht. Nach einem ausgiebigen Frühstück steht die Tagesplanung an: Eine Radtour am Deich entlang? Bei Flut schwimmen gehen oder bei Ebbe raus ins Watt laufen? Oder doch lieber etwas unter Menschen kommen? Der beliebte Ferienort Büsum ist nur wenige Kilometer entfernt, eine Strecke, die sich auch gut mit dem Fahrrad bewältigen lässt. Das ehemalige Fischerdorf hat sich schon längst zum Anziehungspunkt für Besucher aus ganz Deutschland gemausert. Die alten Kutter im Hafen und die schmucken kleinen Gässchen der Altstadt lassen die Herzen von Norddeutschland-Fans höherschlagen. Nach einem Bummel durch die Stadt ist es auch schon wieder an der Zeit, sich vom Trubel zurückzuziehen. Abends geht es dann nochmal kurz hoch zum Deich – Schäfchen zählen.
Na, schon Fernweh bekommen? Der kleine Campingplatz Am alten Seedeich wurde erst vor Kurzem saniert und wartet nun mit einem modernen Sanitärgebäude und schicken Stellplätzen auf neue Besucher. Er ist allerdings so beliebt, dass eine Reservierung per E-Mail empfehlenswert ist. Der Platz ist voll ausgestattet, eine Entsorgung von Chemietoiletten ist aufgrund der eigenen Kläranlage jedoch nicht möglich.

Campingplatz Am alten Seedeich · Westerkoog 19 · 25761 Hedwigenkoog
Tel. 04834/962623 · alterseedeich.de · GPS: 54.177865, 8.819466

6 An die Paddel, fertig, los!

PADDELSPASS UND ÜBERNACHTUNG im Planwagen, diese Kombination findet man nur im Schaalsee-Camp. Direkt am Kanal zum Schaalsee gelegen, erwartet die Gäste hier nicht nur üppige Natur, sondern auch ein breites Wassersportangebot. Der Platz ist ideal für Ruhesuchende und Kanuten. Vor Ort trifft man daher vor allem auf Gleichgesinnte, die sich entweder auf eine Tour vorbereiten oder von einem Tag auf dem Wasser zurückkehren, oder beides. Gesprächsstoff mit den neuen Nachbarn gibt es also genug, denn die Möglichkeiten für Paddelabenteuer sind vielfältig. Vom Camp aus direkt ins Boot steigen und lospaddeln, das ist möglich, allerdings unterliegt der Schaalsee strengen naturschutzrechtlichen Bestimmungen. Das Paddeln dort bedarf einer Genehmigung, die im Camp erhältlich ist. Es werden jedoch darüber hinaus viele Touren mit Transfer angeboten, sodass bestimmt für jeden etwas dabei ist. Wie wäre es zum Beispiel mit einem Städtetrip der anderen Art? Das nahe Lübeck lässt sich ebenfalls wunderbar »erpaddeln«, die Altstadt ist komplett von Wasserwegen umschlossen. Doch auch ohne Paddel in der Hand ist die historische Hansestadt auf jeden Fall einen Ausflug wert!

Das Camp befindet sich in einem Hochwald, Plätze für Sonnenanbeter sind dennoch ebenfalls vorhanden. Es gibt Stromanschlüsse sowie eine Ver- und Entsorgung. Auch für größere Wohnmobile findet sich ein Plätzchen. In wenigen Schritten erreichen die Camper den Schaalsee, wo eine Badestelle zum Sprung ins Wasser einlädt. Die erwähnten Planwagen wurden übrigens in Eigenregie um- und ausgebaut und bieten nun Schlafplätze für zwei bis sechs Personen. Nur durch den Zeltstoff von der Natur getrennt, wird man morgens dann vom Vogelgezwitscher geweckt. Besser kann ein entspannter Urlaubstag doch nicht beginnen!

Schaalsee-Camp · Sterleyer Heide 2 · 23883 Seedorf · Tel. 04501/412
kanu-center.de/schaalsee-camp · GPS: 53.640497, 10.858869

↑ Unter rauschenden Bäumen schläft man nach einer Paddeltour umso besser.
↓ Wer keine Unterkunft mitbringt, findet hier restaurierte Planwagen.

↑ Die Boote sind schon startklar.
↓ Umgeben von Grün findet man hier Ruhe pur.

7 Die Ruhe hören

MITTEN AUF DEM PLATTEN LAND, 50 Kilometer südlich von Schwerin, liegt der familiengeführte Campingplatz Am Wiesengrund. Ohne Parzellen, dafür mit Wiese unter den Füßen finden auf ihm auch größere Reisemobile einen schönen Platz. Hier campt man direkt am Ziegeleikanal, der in die Elde mündet – nicht zu verwechseln mit der Elbe, die kommt erst ein Stückchen weiter. Mit dem Boot kann man das Netz aus Wasserstraßen gut erkunden. Einfach eines der Ruderboote oder Kanus ausleihen und schon kann es losgehen. Auf dem naturbelassenen Flüsschen begegnet man dabei immer wieder Schwänen, Reihern und mit Glück sogar Eisvögeln. Neben einem Fahrradverleih ist noch etwas ganz Besonderes geboten: eine Trabant-Vermietung. Wer noch nie mit einer »Rennpappe« gefahren ist, hat hier die Gelegenheit dazu – wobei es wohl eher eine gemütliche Fahrt um die Dörfer wird, wer will sich denn schon im Urlaub stressen? Nicht stressen lassen sich auch die Ziegen, Alpakas und Ponys im Streichelzoo des Platzes, die sich immer über Aufmerksamkeit freuen. Hunde sind übrigens ebenfalls willkommen, für sie gibt es eine eigene Spielwiese und einen Hundestrand.

Wer den Platz verlässt, findet mit der Dömitzer Festung oder dem historischen Schwerin mit seinem beeindruckendem Schloss Möglichkeiten zum Sightseeing. Der Fokus liegt hier allerdings eindeutig auf Naturerlebnissen, Trubel und städtisches Umfeld gibt es hier nicht. Dafür kann man sich seinen eigenen Fisch fürs Abendessen angeln und auf dem Grillplatz zubereiten. Und wer kein Glück hat, der wird im platzeigenen Restaurant bestimmt fündig. Ein Abstecher in die kleine Sauna macht einen entspannten Tag dann perfekt.

Campingplatz am Wiesengrund · Am Kanal 4 · 19294 Malliß
Tel. 038750/210 60 · camping-malliss.m-vp.de
GPS: 53.196002, 11.340459

8 Reif für die Insel?

NICHT AUF DEM OFFENEN MEER, sondern mitten im Plauer See liegt die kleine Insel Werder mit dem dazugehörigen Inselcamping. Für Camper gut zu wissen: Trotz Insellage kann man bequem über die Zufahrtsstraße und Brücke anreisen, denn die Insel ist nur einen Katzensprung vom Festland entfernt. Einmal angekommen, kann man sich wie auf der eigenen Scholle fühlen, denn außer dem Campingplatz direkt am Ufer des Sees gibt es hier nicht viel. Ideal also, um einfach mal die Seele baumeln zu lassen!

Am entspanntesten haben es die Angler – nur hinunter ans Wasser setzen und die Angel auswerfen, fertig. Die Chancen auf einen guten Fang stehen hier gar nicht so schlecht. Zum Baden können die Gäste schnell mit dem Handtuch vom Wohnmobil aus an den See laufen – oder auch ohne Handtuch, denn ein FKK-Bereich ist vorhanden. Die bewaldete Insel ist schnell umrundet und bietet sich zum Gassigehen mit dem eventuell mitreisenden Vierbeiner an.

Für längere Ausflüge wird das Fahrrad ausgepackt und los geht's um den See herum. Im beschaulichen Plau am See gibt es dann ein Stück Kuchen, bevor es wieder zurückgeht. Oder wie wäre es mit einer Bootstour auf dem See? Die Rundfahrten der Fahrgastschifffahrt Wichmann starten direkt am Rande der Altstadt.

Bei einem gemütlichen Umtrunk lässt sich ein Tag am See am besten beschließen, und zwar in der »Kleinen Kneipe« auf dem Campingplatz. Ein besonderes Highlight: Die raue Schönheit der Natur kann man auf diesem Campingplatz auch im Winter genießen! Wenn der See bei Minustemperaturen zufriert, dann gibt es die Möglichkeit einer Inselumrundung der besonderen Art: zu Fuß auf dem Eis um die Insel herum. Für spontane Anreisen kann der vorgelagerte dazugehörige Reisemobilhafen ohne Reservierung angefahren werden.

Inselcamping Werder · Insel Werder 8 · 17214 Alt Schwerin
Tel. 039932/420 74 · inselcamping.com · GPS: 53.486147, 12.322841

↑ Eine einsame Insel, wer hat sich das noch nie gewünscht?

↓ Der eigene See vor der Wohnmobiltür

↑ Bereit für einen SUP-Ausflug?
↓ Frei auf der Wiese stehen, mit Blick auf den See

9 Puren Genuss …

… **VERSPRICHT DER URLAUB** auf dem Naturcampingplatz am Ufer des Jabelschen Sees mitten in der Mecklenburgischen Seenplatte. Möchte man lieber am See stehen oder mitten im Wald? Hier müssen sich die Camper nicht entscheiden, denn mächtige Kiefern stehen bis ans Ufer des Jabelschen Sees. Neben dem schattigen Wäldchen gibt es auch ausreichend Plätze für Sonnenanbeter. Möchte man mitten im Trubel beim Badestrand oder doch lieber etwas weiter am Rand des fünf Hektar großen Platzes den Sonnenuntergang genießen? Das muss jeder selbst entscheiden. Genussvoll schlemmen können alle Gäste jedenfalls im platzeigenen Restaurant. Pizza, Pasta, Flammkuchen und Cocktails – das hört sich gut an, oder? Genussvoll die Natur erleben können die Urlauber bei Aktivitäten auf und am Wasser der vielen Seen der Umgebung. Die dafür nötige Ausrüstung kann dabei vor Ort ausgeliehen werden. Für den nassen Spaß stehen SUPs, Kanus und Boote zur Verfügung. Wer das »Land der tausend Seen« lieber auf dem Trockenen erkunden will, der kann sich ein Fahrrad leihen. Allein der angrenzende Müritz-Nationalpark bietet rund 230 Kilometer ausgeschilderte Fahrradwege.
Wer Tiere mag, kommt nicht nur beim Beobachten der vielfältigen Vogelwelt der Gegend auf seine Kosten. Im Wisentreservat auf der Halbinsel Damerower Werder befindet sich eine Zuchtstation für die gemütlichen Riesen. Zwischen Mai und Juni besteht hier die Chance, kleine Wisente zu beobachten. Tierschutz aktiv unterstützen kann man mit einem Besuch im Bärenwald Müritz, dem größten Bärenschutzzentrum in Westeuropa. Hier finden Braunbären, die aus schlechten Haltungsbedingungen befreit wurden, ein neues Zuhause.

Genuss-Ferien – Natur- und Strandcamping Jabelscher See
Am Heidenfriedhof 01 · 17194 Jabel · Tel. 039929/76712
genuss-ferien.de · GPS: 53.520613, 12.517686

10 An jeder Ecke eine Tanne

AM STADTRAND des Heilbads Waren (Müritz) und damit direkt im Zentrum der Urlaubsregion Mecklenburgische Seenplatte liegt ein Campingplatz, der keine Wünsche offenlässt. Nur wenige Kilometer von der Ortsmitte der quirligen Kleinstadt entfernt, kann man auf dem Campingplatz Ecktannen seine Batterien wieder aufladen. Die große Anlage bietet dabei für jeden etwas: von Angeboten für die Kleinen über Freilauf und Badestelle für vierbeinige Freunde bis hin zu Minimarkt, Bistro und Minigolfanlage. Rundum versorgt, könnte man auch den ganzen Urlaub nur auf dem Areal verbringen. Das wäre jedoch schade, denn die Umgebung hat so viel zu bieten. Der angrenzende Müritz-Nationalpark verspricht abwechslungsreiche Abenteuer. Das weit verzweigte Wanderwegenetz beginnt direkt am Platz. Ein knapp zehn Kilometer langer Rundweg führt an der Binnenmüritz entlang und durch die Moorlandschaft im Hinterland wieder zurück zum Platz – das rote Eichhörnchen weist den Wanderern dabei den Weg. Auch mit dem Fahrrad kann man die Umgebung gut erkunden. Die flache Landschaft erlaubt auch längere Ausflüge, ohne aus der Puste zu kommen.

»Freie Platzwahl« heißt hier übrigens nicht, an der Rezeption auf einem Lageplan eine Nummer herauszupicken. Auf dem 17 Hektar großen Gelände gibt es fast nur unparzellierte Flächen, jeder Camper darf sich sein eigenes Plätzchen suchen. Das macht die Suche nach dem perfekten Standort nicht unbedingt einfacher, doch bis jetzt hat noch jeder »seine Tanne« gefunden. Für »Allein-auf-weiter-Flur-Steher« ist hier besonders die Nebensaison des beliebten Campingplatzes zu empfehlen. Dann verteilen sich die Gäste auf dem weitläufigen Gelände und man kann die Natur ganz für sich genießen.

Campingplatz Ecktannen · Fontanestraße 66
17192 Heilbad Waren (Müritz) · Tel. 03991/668513 · camping-ecktannen.de
GPS: 53.499445, 12.663438

↑ Badespaß für die ganze Familie

↓ Entspanntes Miteinander auf dem großzügigen Platz

↑ Der Name »Seeweide« ist Programm.
↓ Der kleine Kiosk bietet leckeren Kuchen.

11 Mitten auf der grünen Wiese

EINE GROSSE WEIDE, idyllisch gelegen an einem See, grüne Wiesen und Wälder, so weit das Auge reicht: Hier grasen jedoch nicht etwa Schafe oder andere Vierbeiner, diese Weide am Penzliner See ist für mobile Unterkünfte jeder Größe gedacht. Mit Zelt oder großem Wohnmobil, auf den sehr großzügigen Stellplätzen findet jeder Platz, um sich auszuleben. Große Bäume, mit denen man sich auf den Stellplätzen arrangieren muss, gibt es hier nicht – entsprechend auch wenig Schatten. Der Gast hat die Qual der Wahl zwischen Komfortplätzen mit Strom sowie Wasser- und Abwasseranschluss, Standardplätzen mit Strom und jeweils Plätzen in der ersten Reihe in Richtung See.

Es sind nur wenige Schritte bis zur Badestelle und dem Sprung ins kühle Nass. Das gilt auch für Hunde, für die es eine eigene Badestelle sowie einen eingezäunten Auslauf gibt. Kinder können hier viel entdecken, vom Streichelgehege mit einheimischen Tieren über Minigolf bis zum Naturspielplatz. Mit den platzeigenen Kanus über den See oder dem geliehenen Fahrrad die Umgebung erkunden, hier kann man locker den ganzen Tag draußen verbringen. Dem Fahrspaß sind hier keine Grenzen gesetzt. Wie wäre es mit einer 35-km-Tour rund um den nahen Tollensee? Natürlich mit einer ausgiebigen Badepause, versteht sich. Für weitere Touren durch die hügelige Landschaft empfiehlt sich ein E-Bike. Übrigens: Vierbeinige Weidebewohner sind ebenfalls anzutreffen. Die Kühe in der Nachbarschaft freuen sich über Besuch.

An der Rezeption gibt es allerlei Kleinigkeiten, die es vielleicht nicht ins Urlaubsgepäck geschafft haben. Auch Brötchen und selbstgemachte Kuchen können die Camper kaufen. Die nächsten Einkaufsmöglichkeiten befinden sich im zwei Kilometer entfernten Örtchen Penzlin, hier gibt es auch Restaurants und Cafés.

Seeweide Naturcamping Penzlin · Halbinsel Werder 33 · 17217 Penzlin
Tel. 03962/2578290 · seeweide.de · GPS: 53.488086, 13.095526

12 Wo die Hexen hausen

DIE MECKLENBURGISCHE SEENPLATTE verfügt über so viel Wasser, dass praktisch jeder Campingplatz einen »eigenen« See hat. Für das Hexenwäldchen bedeutet das: Niemand macht den Besuchern den naturbelassenen Jamelsee streitig. Direkte Nachbarn gibt es nicht, dafür Natur pur. Die Urlauber stehen auf einer Wiese oder unter dichten Bäumen direkt am See.

Naturcamping heißt hier, mit der Natur im Einklang zu leben. Das gilt nicht nur für die Stromversorgung oder die Bewirtschaftung. Viele Freizeitangebote drehen sich um den See und seine verwunschenen Wälder. Mit platzeigenen Kanus und Kajaks können die Gäste die Natur des Nationalparks ungefiltert erleben. Da der Jamelsee durch Kanäle mit dem restlichen Gebiet der Seenplatte verbunden ist, steht einer längeren Tour ebenfalls nichts im Wege. Vor allem in den Sommermonaten wird das Naturcamping zum Erlebniscamping. Dann ist jede Menge Programm geboten. Dabei wird Wert darauf gelegt, dass alle Besucher etwas davon haben und es keine reine »Kinderanimation« ist. So gibt es Märchenstunden am Lagerfeuer, aber auch Kunstworkshops für alle.

Bei aller Action für die Kleinen wird zudem darauf geachtet, dass die ruhesuchenden Bewohner des Platzes nicht gestört werden. Die strikte Nachtruhe gilt für alle und wird konsequent umgesetzt. Wenn sich nach den Schulferien der Trubel legt, ist die Saison für die meisten Campingplätze schon wieder vorbei. Im Hexenwäldchen kann jedoch bis ins Neue Jahr hinein gecampt werden. Damit ist es einer der wenigen Plätze in der Region, die auch Herbst- und Wintercamping anbieten. Im Gegensatz zum trubeligen Sommer hat die ruhigere Jahreszeit hier ihren ganz eigenen Charme.

Naturcamping Zum Hexenwäldchen · Blankenförde 1a
17252 Blankenförde-Kakeldütt · Tel. 039829/20215
hexenwaeldchen.de · GPS: 53.347178, 12.922756

↑ Abendliches Beisammensein am Lagerfeuer
↓ Zwischen den Bäumen findet jeder eine ruhige Ecke.

↑ Glück muss man haben, für einen Platz am Strand.
↓ Wohlfühlen unter hohen Bäumen

13 Ab auf die Sonneninsel

USEDOM IST DIE ZWEITGRÖSSTE INSEL und außerdem die sonnenreichste Gegend Deutschlands – von wegen verregneter Norden! Bis zu 1900 Sonnenstunden pro Jahr, dazu 42 Kilometer feinster Sandstrand und natürlich die Ostsee drumherum. Was will man mehr? Der weitläufige Naturcampingplatz Usedom liegt auf der dem Festland zugewandten Seite direkt an der Steilküste des Achterwassers, einer Lagune der Ostsee. Wasserliebhaber finden also gleich mehrere Möglichkeiten, sich hier auszutoben. Das direkt auf dem Campingplatz gelegene Wassersportzentrum bietet zahlreiche Möglichkeiten dazu, vom Windsurfen über Kajak fahren bis hin zu Segelkursen. Die Insel Usedom lockt mit mondänen Seebädern, der Ostseetherme und Museen. Tierfreunde finden bestimmt Gefallen am nachhaltig betriebenen Wisentpark, in dem die sanften Riesen auch gezüchtet werden. Für einen Ausflug ins benachbarte Polen hat man es auch nicht weit, die Landesgrenze verläuft direkt über die Insel. Während im Sommer auch durch die Kinderanimation jede Menge los ist auf dem Platz und am Strand, geht es in der Vor- und Nachsaison beschaulicher zu. Dick eingemummelt können auch im Frühjahr ab Ostern und im Herbst einige Sonnenstrahlen am menschenleeren Ostseestrand getankt werden.
In einigen Bereichen des Platzes kann man direkt am Wasser stehen – und das gilt nicht nur für Zelte. Es gibt eine große Auswahl unterschiedlicher Stellplätze. So ist für Sonnenanbeter genauso etwas dabei wie für die, die lieber unter schattigen Bäumen campen. Wie es sich für ein Naturcamping gehört, sind viele Flächen unparzelliert. Während der Hauptsaison haben ein Einkaufsmarkt und ein Restaurant am Platz geöffnet, um die Gäste zu verköstigen. In der Vor- und Nebensaison gibt es einen Brötchenservice an der Rezeption.

Natur Camping Usedom · Zeltplatzstr. 20 · 17440 Lütow
Tel. 0938377/40581 · natur-camping-usedom.com · 54.011089, 13.858321

14 Wildnis am Meer

DER DRITTGRÖSSTE NATIONALPARK Deutschlands umfasst große Teile der Ostseeküste Mecklenburg-Vorpommerns. Von der Insel Rügen aus erstreckt sich der Nationalpark Vorpommersche Boddenlandschaft auf über 780 Quadratkilometern ins Meer hinaus. Wer die raue Natur ganz nah erleben möchte, der muss sich nur an die Küste stellen und sich die steife Brise um die Nase wehen lassen. Am nordöstlichsten Zipfel Deutschlands und mitten im Nationalpark befindet sich der kleine Hafen von Barhöft mit dem gleichnamigen Caravanplatz. Nur 24 Wohnmobile haben hier Platz, jedoch ist er dafür großzügig bemessen. Die Fahrzeuge stehen auf Rasensteinen, es gibt neben Ver- und Entsorgung auch ein kleines Sanitärgebäude.

Der Stellplatz liegt geschützt zwischen Bäumen und nicht direkt an der Küste. Bis zum Hafen und Strand sind es nur wenige Schritte. Rund um den Hafen gibt es eine Vielzahl von Möglichkeiten, die herrliche Natur des Nationalparks zu genießen. Ob die Urlaubenden einfach zu Fuß unterwegs sind, mit dem Rad an der Küste entlangfahren oder sich mit dem SUP in die Wellen wagen – »Hauptsache draußen« lautet die Devise! Einen ersten Überblick über die Landschaft bekommt man auf dem Aussichtsturm nahe dem Hafen. Der Blick schweift über den Bodden und die unbewohnte Insel Bock bis nach Hiddensee in die Ferne. Die Landschaft hier ist noch wild und unberührt. Kein Wunder, dass es auch tausende Kraniche jedes Jahr wieder hierherzieht.

Am kleinen Hafen Barhöft wird man gut versorgt. In der »Proviantkiste« gibt es allerlei zu kaufen und natürlich darf auch das obligatorische Fischbrötchen nicht fehlen. Der Stellplatz hat von April bis Oktober geöffnet.

Wohnmobilstellplatz Barhöft · Mittelweg 2 · 18445 Klausdorf
Tel. 038323/531 · sprenger-barhoeft-maritim.de
GPS: 54.432616, 13.027569

Klein aber fein, hier ist man unter sich.

↑ Blick auf den Bodden

↓ Windgeschützt und doch ganz nah am Meer

15 Raue Natur und weiter Strand

WIND UND WELLEN formten die außergewöhnliche Boddenlandschaft der Halbinsel Fischland-Darß-Zingst. Puderfeiner Sand und der weite Blick aufs Meer – Urlaub hier heißt Entschleunigung und Entspannung. Vom Naturcamp Pruchten sind es nur ein paar Minuten zum Badestrand am Bodstedter Bodden. An diesem Abschnitt dürfen, das ist an der Ostsee nicht selbstverständlich, auch Hunde mit an den Strand. Mit dem Fahrrad oder Auto ist Zingst mit seiner berühmten Seebrücke nicht weit. Während des Sommers bringt ein Bus mit Fahrradanhänger, »RADzfatz« genannt, die Urlaubsgäste zu Ausflugszielen in der ganzen Region. Die nächstgelegene Haltestelle ist in Pruchten, nur wenige Minuten vom Platz entfernt. Wer keinen eigenen Drahtesel hat, kann sich auf dem Campingplatz eines ausleihen. Wie wäre es zum Beispiel mit einem Ausflug nach Prerow und in den Darßer Wald, bevor es über Zingst zurückgeht? Ein Highlight für Naturfreunde sind die Kraniche, die alljährlich im Herbst und Frühjahr über den Platz ziehen. Jeden Morgen und Abend fliegen dann große Scharen der »Glücksvögel« direkt über die Köpfe der Camper, um sich nahe des Campingplatzes niederzulassen. Bis zu 70000 Tiere versammeln sich in der Region, um hier eine Rast einzulegen. Die imposanten, aber sehr scheuen Vögel werden bis zu 1,30 Meter groß und können von Beobachtungsposten in der ganzen Region betrachtet werden.
Der Platz ist groß und übersichtlich strukturiert, mit modernen Sanitärgebäuden, die keine Wünsche offenlassen. Gegen Aufpreis können sich die Gäste nach einem langen, windigen Tag am Meer in einem Mietbad mit Fußbodenheizung (!) eine eigene kleine Wellness-Oase schaffen. Bewirtung gibt es im platzeigenen Restaurant mit Außenbereich. Außerhalb der üblichen Saison kann man hier auch Silvester an der Ostsee feiern.

Naturcamp Pruchten · Am Campingplatz 1 · 18356 Pruchten
Tel. 038231/20 45 · naturcamp.de · GPS: 54.379678, 12.662420

16 Boddenblick und Inselglück

DER WESTLICHSTE CAMPINGPLATZ RÜGENS wartet mit einer ganz besonderen Aussicht auf. Direkt am Schaproder Bodden gelegen, genießt man hier freien Blick auf die Insel Hiddensee. Gäste, die sich für die durch Hecken und Sträucher windgeschützten Parzellen entscheiden, können auch stürmische Tage gut überstehen. Andere sind den Elementen lieber noch näher und bevorzugen einen Stellplatz auf der großen Wiese. So oder so, herrliche Ausblicke auf den Bodden sind den Urlaubenden sicher.

Das flache Wasser des Boddens eignet sich hervorragend für erste Versuche auf dem Surfboard. Wie gut, dass die örtliche Surfschule direkt am Strand des Campingplatzes ihre Kurse anbietet. Zwar gibt es in Schaprode außerdem die Möglichkeit, an geführten Angeltouren im Bodden teilzunehmen. Die weniger zeitintensive Abkürzung, um in den Genuss einer leckeren Spezialität zu kommen, ist jedoch der vom Chef persönlich geräucherte frische Fisch, den es jede Woche auf dem Platz gibt. Als Tagesausflug ist Hiddensee die offensichtliche Wahl, schließlich befindet sich die autofreie Insel mehr oder weniger vor der Haustür. In ein paar Minuten erreicht man zu Fuß den Fähranleger, die kleinen Fähren verkehren in regelmäßigen Abständen. Auf der knapp 17 Kilometer langen Insel warten bereits Pferdekutschen oder der elektrisch fahrende Inselbus auf die Besucher. Die vier Orte Hiddensees verzaubern ebenso wie die zwei Leuchttürme. Eingebettet in den Nationalpark Vorpommersche Boddenlandschaft ist die Insel außerdem ein Schutzgebiet für reichhaltigen Pflanzen- und Tierbestand.

Da auch der Campingplatz an den Nationalpark grenzt, sind Hunde am Strand nicht erlaubt. Sie haben ein Stück weiter südlich die Möglichkeit zu baden.

Campingplatz Am Schaproder Bodden · Lange Straße 24
18569 Schaprode · Tel. 38309/12 34 · camping-schaprode.de
GPS: 54.516062, 13.165133

↑ Im Restaurant »Strandgut« gibt's frischen Fisch in allen Variationen.
↓ Kleine Wege führen direkt ans Wasser.

17 Perle an der Elbe

DIREKT VOR DEN TOREN HAMBURGS und doch mitten in der grünen Natur, auf dem Campingplatz der Familie Land übernachten die Gäste in unmittelbarer Nähe zur Elbe. Auf dem zweigeteilten Platz kann man sogar vor dem Deich direkt am Fluss stehen. Die Plätze sind frei wählbar und nicht parzelliert. Mit etwas Glück hat man also vom Camper einen unverstellten Blick aufs Wasser. Dafür lohnt sich auch der Weg über den Deich, um zum Sanitärgebäude zu kommen. Wer lieber windgeschützt im »Obstgarten« steht, bei dem schauen ab und zu die freilaufenden Hühner vorbei. Für die Freizeitgestaltung gibt es viele Möglichkeiten: Aufregender Städtetrip nach Hamburg oder doch lieber entspannt an den Strand? Für Ersteres besteht eine gute Anbindung ab dem Bahnhof

Romantischer Blick auf die Elbe

Winsen – dorthin fährt auch ein Bus. Von Gewürzmuseum bis zum Miniatur Wunderland, von Kunstausstellung bis Musicaldarbietung hat die Großstadt für jeden etwas zu bieten.
Für das Strandvergnügen hingegen genügt es, lange genug am Flussufer sitzen zu bleiben. Bei Ebbe erscheint eine große Sandbank, die zum Spazierengehen und Sandburgbauen einlädt. Wenn die Flut die Sandburg dann zurückerobert hat, ist es Zeit für eine kleine Schwimmrunde.
Der nächste Supermarkt ist nur einen guten Kilometer entfernt, im etwas weiter entfernten Geesthacht gibt es ein größeres Angebot an Supermärkten und Restaurants. Am Wochenende heißt es, Platz lassen im Magen für die leckeren selbstgebackenen Torten, die am Kiosk verkauft werden. Frische Brötchen und eine kleine Auswahl an Lebensmitteln gehören zum täglichen Sortiment.

Camping Land an der Elbe · Stover Strand 7 · 21423 Drage · Tel. 04176/327
camping-land-online.de · GPS: 53.42841, 10.30109

Verwunschene Ecken gibt es hier genug.

18 Grüne Energie tanken

NUR 20 MINUTEN VON LÜNEBURG entfernt, befindet sich ein kleines, ursprüngliches Camper-Paradies: Auf dem Heidehof Radenbeck geht es ruhig und idyllisch zu. Das rollende Zuhause darf gemütlich zwischen Bäumen und Hecken abgestellt werden, so kommt sich niemand in die Quere und man kann die Natur ganz für sich genießen. Für nasse Abwechslung sorgt der kleine Naturbadeteich, der von Grundwasser gespeist wird. Überhaupt ist der Platz nicht nur umgeben von herrlicher Natur, er ist auch im Betrieb rundum grün. Die Sonne erwärmt das Warmwasser, die Toilettenspülung erfolgt mit Regenwasser und natürlich wird die gesamte Anlage mit Ökostrom betrieben.

Ausflüge in die Natur mit dem Rad oder zu Fuß können direkt vom Platz aus starten. Bei einem ausgedehnten Streifzug durch die friedliche Umgebung kann man seine Batterien wieder auffüllen. Hat man genug grüne Entspannung getankt, dann ist ausreichend Energie für einen Städtetrip ins eine Stunde entfernte Hamburg vorhanden. Auch Lüneburg mit seinem sehenswerten Salzmuseum eignet sich für einen schönen Tagesausflug. Auf dem Gelände der alten Saline können Besucher erfahren, wie das weiße Gold die Geschichte der Region geprägt hat.

Nach einem turbulenten Tag freut man sich darauf, im Campingstuhl die Füße hochzulegen und einfach nur ins Grün gucken zu dürfen. Animation und Action gibt es hier nicht, dafür Zeit und Ruhe, um den Alltag hinter sich zu lassen. Für den täglichen Bedarf, und natürlich die Frühstückbrötchen, gibt es einen kleinen Tante-Emma-Laden am Hof. Hier hat man übrigens auch WLAN-Empfang, der bei dem sonst eher lückenhaften Netz auf dem Land gerne genutzt wird. Der Platz ist von Anfang März bis Ende Oktober geöffnet.

Heidehof Radenbeck · Am Mausethal 6 · 21401 Thomasburg OT Radenbeck
Tel. 05859/97 08 30 · heidehof-radenbeck.de · GPS: 53.221185, 10.624698

↑ Abkühlung gibt's im Naturbadeteich.

↓ Urlaub im Grünen – Entspannung pur!

↑ Mit der Rutsche geht es hinein ins nasse Vergnügen.
↓ Der Campingbereich ist ruhig und entspannt.

19 Öko? Logisch!

LÄSST SICH DER ANSPRUCH an einen komfortablen Urlaub mit dem eigenen Umweltbewusstsein vereinbaren? Das ist eine Frage, die sich immer mehr Reisende stellen. Wer mit dem Wohnmobil unterwegs ist, bekommt die Natur unmittelbar zu spüren und möchte deshalb auch umweltbewusst reisen. Doch manchmal stellt bereits die Mülltrennung ein Problem auf Campingplätzen dar. Im Uhlenköper-Camp hingegen wird alles getan, um den Campingurlaub nicht nur unvergesslich zu machen, sondern auch nachhaltig zu gestalten. Zu Recht hat der Platz schon zahlreiche Auszeichnungen im Bereich Nachhaltigkeit erhalten. So gibt es einen eigenen Wertstoffhof und zudem Ökostrom auf dem gesamten Platz. Sogar der Rasen, auf dem die Camper stehen, wird ohne Chemie gepflegt.

Moderne Sanitäranlagen mit allem Komfort gehören ebenso zur Infrastruktur wie ein Bioladen mit Frühstücksservice. Abkühlung gibt es im Naturfreibad – selbstverständlich ohne chemische Zusätze. Für Camper ist der Eintritt kostenlos. Auf dem Platz fühlen sich nicht ohne Grund auch die tierischen Bewohner wohl, abends ist ein Froschkonzert im Preis mit inbegriffen.

Der Platz verfügt über einen Kanuverleih und bietet auch geführte Paddeltouren an. Ungewöhnlicher ist das ausleihbare Conference Bike. Es wird mit mehreren Personen gefahren, die im Kreis sitzen. Es gibt sieben Sitze, doch nur ein Lenkrad. Das Sitzen und Pedalieren entgegen der Fahrtrichtung ist erst einmal gewöhnungsbedürftig, für Gruppen allerdings eine tolle Sache. In der Umgebung laden die Hansestadt Uelzen mit ihrem Hundertwasserbahnhof und ihrer historischen Altstadt sowie die Lüneburger Heide zu Ausflügen ein. Nur eine knappe Autostunde entfernt bietet sich der Heidepark als actionreiche Abwechslung an.

Uhlenköper-Camp · Festplatzweg 11 · 29525 Westerweyhe
Tel. 0581/730 44 · uhlenkoeper-camp.de · GPS: 53.000078, 10.515881

20 Natur und Entspannung

EINST VERLIEF HIER die innerdeutsche Grenze, nun ist das Gebiet ein geschützter Lebensraum für gefährdete Tier- und Pflanzenarten und ein wahres Wanderparadies. Die Rede ist vom Grünen Band, das entlang des ehemaligen Grenzverlaufs durch Deutschland verläuft. Wo früher Stacheldraht und Schussanlagen waren, blühen heute Hecken und Bäume. Nur einen Katzensprung von dem nun grünen Übergang zwischen Niedersachsen und Sachsen-Anhalt entfernt, liegt der familiär geführte Campingpark Fuhrenkamp. Zwischen Wald und Feld gibt es hier sowohl schattenspendende Bäume als auch freie Wiesenflächen.

Im Wendland mit seinen Wäldern, Feldern und Auen ist nicht nur die Natur grün. Bekannt wurde die Region durch die Proteste der Atomkraftgegner Ende der 1970er-Jahre. Viele der Demonstrierenden sind im Wendland geblieben und engagieren sich bis heute für die Umwelt – dies ist auch erkennbar an den vielen Biohöfen in der Region. Für Geschichtsinteressierte ist ein Besuch der ungewöhnlichen Rundlingsdörfer obligatorisch. Diese historische Siedlungsform, bei der alle Häuser auf den gemeinsamen Dorfplatz hin ausgerichtet sind, gibt es nur hier. Das bereits erwähnte Grüne Band ist nur 500 Meter vom Platz entfernt und bietet sich zum Entdecken an.

Nach einer langen Wander- oder Fahrradtour erfrischt ein Sprung in das komplett chemiefreie Naturbad auf dem Platz. Wer abends keine Lust hat zu kochen, kann sich eine Pizza auf den Platz liefern lassen, Brötchen und Kuchen gibt es beim lokalen Bäcker. An die vierbeinigen Begleiter wurde hier ebenfalls gedacht, sie können sich in einem umzäunten Freilauf austoben und viele neue Freunde finden.

Campingpark Fuhrenkamp · Am Fuhrenkamp · 29468 Bergen (Dumme)
Tel. 05845/348 · campingplatz-fuhrenkamp.de
GPS: 52.887368, 10.974923

↑ Viel Platz zum Toben für die Vierbeiner
↓ Malerisch gelegen zwischen Wäldern und Wiesen

Hier fühlen sich Mensch und Tier wohl.

21

Natürlich luxuriös

ZEIT FÜR SICH SELBST und die Familie – das ist wahrer Luxus. Zeit für einen schönen, entspannten Urlaub ist ebenfalls Luxus. Zwischen den Naturschutzgebieten Lüneburger Heide und Südheide liegt ein Campingplatz, der ebenfalls nur als luxuriös zu bezeichnen ist. Im familiengeführten Röders' Park gibt es alles, was man sich für einen ruhigen Erholungsurlaub wünschen kann. Der Park ist entlang eines großen Teichs angelegt, der sich durch das ganze Gelände zieht. Die gepflegte Anlage wird dadurch nicht von einem strengen Platzplan, sondern durch den natürlichen Verlauf des Wassers bestimmt. Kleine Brücken überspannen das Gewässer, sodass die Wege trotzdem kurz bleiben.

Die berühmte Lüneburger Heide mit ihren Wanderwegen und Freizeitmöglichkeiten steht natürlich ganz oben auf der Ausflugsliste. Während der Sommersaison gibt es ein Shuttle vom Platz direkt in die Heide – Fahrräder können mitgenommen werden. So kann man dort den ganzen Tag verbringen und die weite Natur genießen. Bevor der Urlaub gar zu ruhig wird, sorgt ein Besuch im Heidepark mit seinen Achterbahnen und dem Free Fall Tower für einen ordentlichen Adrenalinkick. Um wieder runterzukommen oder einem Schmuddelwetter-Tag zu entfliehen, bietet sich die Soltau Therme an. Dorthin führt ein nur kurzer Spaziergang, denn der Park befindet sich gleich in der Nähe des Städtchens Soltau. Hier gibt es auch weitere Einkaufs- und Einkehrmöglichkeiten. Neben Leihrädern gibt es auch die Möglichkeit, ein Auto zu mieten und damit Besorgungen und Ausflüge zu machen.

Vor dem Kamin im platzeigenen Restaurant gibt es schließlich noch ein leckeres Abendessen mit den Liebsten – das ist Luxus. Der Platz ist ganzjährig geöffnet, so kann die herrliche Heidelandschaft auch in der ruhigen Jahreszeit genossen werden.

Röders' Park · Ebsmoor 8 · 29614 Soltau · Tel. 05191/2141
roeders-park.de · GPS: 53.000603, 9.837164

22 Süddeutsches Flair im hohen Norden

MIT EINER ALM verbinden wir meist Kuhglocken und Alpenidylle. Weit weg von Bayern, am Ortsrand von Bad Pyrmont in Niedersachsen, gibt es jedoch auch eine Alm. Hier grasen keine Kühe, stattdessen dürfen Wohnmobile auf dem saftigen Grün stehen. Der sieben Hektar große Campingpark Schellental ist in mehrere Bereiche aufgeteilt. Ob mit viel Platz und Weitblick auf der Alm oder »eingemuckelt« zwischen Bäumen und Hecken auf den terrassierten Stellplätzen, jeder darf seinen Platz frei aussuchen.
Die sanften Hügel rund um den Platz bieten – einmal erklommen – fantastische Aussichten ins Umland. Wer noch Puste hat und schwindelfrei ist, erklimmt noch die außen am Turm verlaufende Treppe des kleinen Schellenturms und genießt den Rundumblick. Wer möchte, kann den Spaziergang zur Wanderung machen und gleich noch den höheren, stählernen Spelunkenturm besuchen. Gut zwei bis drei Stunden sollte man für die Runde vom Campingpark aus einplanen. Regentage sitzt man am besten in der fußläufig zu erreichenden Hufeland Therme in Bad Pyrmont aus. Mit mehreren Saunen und einem breiten Wellnessangebot lässt es sich hier gut aushalten. In der kleinen Innenstadt gibt es alle Einkaufsmöglichkeiten. Ein Highlight ist der große, mehrfach ausgezeichnete Kurpark, der als einer der schönsten Gärten Europas gilt.
Der Gasthof Schellental hat eine feine Auswahl an Speisen zu bieten. Das Wild kommt dabei aus den heimischen Wäldern und das Burgerfleisch von Biohöfen der Umgebung. Auch an Vegetarier und Veganer wurde gedacht. Jeden Morgen gibt es frische Brötchen und das dazugehörige Frühstücksei kommt hier garantiert von freilaufenden Hühnern, die dürfen sich nämlich auf dem ganzen Platz frei bewegen. Das sollten Hundebesitzer wissen und sich an die Leinenpflicht halten.

Campingpark Schellental · Am Schellenhof 1 · 31812 Bad Pyrmont
Tel. 05281/8772 · camping.schellental.de · GPS: 51.995859, 9.277367

↑ **Nicht nur der Camper, auch die Natur darf sich hier frei entfalten.**
↓ **Im Frühjahr fängt alles an zu blühen.**

↑ **Frühstück und Kuchen kann man dazubuchen.**
↓ **Camping mal anders und ganz luxuriös.**

23 Urlauben mit Stil

EIN IDYLLISCHER HOF, süße Glamping-Zelte wie aus dem Bilderbuch und dazu zwei Hof-Lamas: Der Urlaub auf Hof Frida verspricht etwas ganz Besonderes zu werden. Der 100 Jahre alte Bauernhof gehörte zuletzt der Namensgeberin Frida, die ihn an ihre Tochter vererbte. Das Zweier-Team baute den Hof zu einem kleinen Camping-Schmuckstück aus. Alles wurde von den beiden Gastgeberinnen mit viel Liebe zum Detail und Sinn für Ästhetik gestaltet. Das gilt übrigens auch fürs reichhaltige Frühstück, das bestellt werden kann. Neben Glamping besteht die Möglichkeit, mit dem eigenen rollenden Zuhause hier unterzukommen. Umgeben von Obstbäumen und einem alten Bauerngarten, kann man hier herrlich abschalten. Den Alltag hinter sich lassen, bei sich ankommen und komplett entschleunigen – das passiert hier von ganz allein.

In der Umgebung des Hofs gibt es ebenfalls viel zu entdecken. Die Seen Steinhuder Meer und Heye Glas See sind gut mit dem Auto zu erreichen. Das Steinhuder Meer trägt seinen Namen – fast – zu Recht, ist es doch Niedersachsens größter Binnensee. Flanieren entlang der Promenade, ein leckeres Fischbrötchen essen oder an einem der Badestrände das Wasser genießen. Das historische Nienburg lockt mit einer schmucken kleinen Altstadt. Wer sich vom Hof nicht losreißen kann, hat die Möglichkeit, ein Stückchen Frida mit nach Hause zu nehmen: Bei regelmäßigen Mal-Events lernen Anfänger ebenso wie Fortgeschrittene, den Pinsel zu schwingen. Die gemalten Themen sind dabei regional und – natürlich – vom Hofleben inspiriert.

Der Hof bietet nur Platz für ein Wohnmobil, dafür können die Gäste aber ein ganz exklusives Campinggefühl genießen. Es gibt Strom, allerdings keine Ver- und Entsorgung. Der Platz sollte vorher über die Website reserviert werden.

Hof Frida · Am Berge 2 · 31632 Husum OT Bolsehle · Tel. 0151/59837490
hoffrida.de · GPS: 52.560479, 9.296709

24 Unterschätzte Klimaschützer

MOORE KÖNNEN sechsmal so viel CO_2 speichern wie eine gleich große Fläche Wald. Das wissen wir heute, dennoch wurden und werden diese wichtigen Naturgebiete für die Torfgewinnung ausgebeutet. So erging es auch dem Großen Uchter Moor zwischen Hannover und Diepholz. Seit den 1930er-Jahren wurde hier Torf abgebaut und in einem Teilbereich wird es das immer noch. Weite Teile des Moors wurden jedoch renaturiert und sind Teil eines großen Vogelschutzgebiets. Am Rand des Moors liegt das kleine urige Moorcamp. Ein Rundgang über den Platz ist schnell gemacht, verlaufen kann man sich nicht. Mit den Nachbarn kommt man schnell ins Gespräch, es geht familiär zu. Dem alten Platz wurde erst kürzlich wieder neues Leben eingehaucht und so gibt es hier inzwischen großzügige Stellplätze zwischen Bäumen und Entspannung am platzeigenen Teich. Verschiedene Sitzgelegenheiten laden dazu ein, die schöne Blumenpracht des liebevoll angelegten Camps zu betrachten. Man findet hier keinen Schnickschnack, dafür viel Ruhe und die Natur des Nationalparks Großes Uchter Moor. Ein kleiner Spaziergang führt zu einem Aussichtsturm, der einen herrlichen Blick übers Moor bietet. Jedes Jahr im Herbst können hier Kraniche beobachtet werden, die auf ihrem Weg in den Süden im Moor Rast machen. Dann wird das Moor endlich so genutzt, wie es sein sollte: als Rückzugsort und Nahrungsquelle für Tiere. Wer etwas über die wirtschaftliche Nutzung des Moors erfahren möchte, der kann eine Fahrt mit der Moorbahn Uchte-Essern unternehmen. Historische Technik, Infos zum Naturschutz und sogar eine Moorleiche erwarten die Besucher. Die Moorbahn startet am Bahnhof Essern, ca. neun Kilometer vom Platz entfernt. Der Ausflug kann gleich genutzt werden, um die Vorräte aufzufüllen, denn auf dem Platz gibt es lediglich einen Brötchenservice.

Moorcamp · Birkenbusch 50 · 31606 Warmsen · Tel. 05767/943 86 55
moorcamp.de · GPS: 52.481200, 8.818715

↑ Der Platz wurde mit viel Liebe zum Detail neu angelegt.
↓ Kein Asphalt, dafür viel Grün – Naturcamping eben

↑ Toben auf dem Spielplatz oder entspannt am See sitzen – alles ist möglich.
↓ Der kleine Badesee ist schnell umrundet.

25 Friesisch herb

DIE OSTFRIESEN sind mit 300 Liter pro Person und Jahr Weltmeister im Teetrinken! Die »Teetied« gehört in diesem Landstrich bei vielen Menschen fest zum Tagesablauf. Und wo lässt sich eine schöne heiße Tasse Tee am besten genießen? Na klar, entspannt im Urlaub! Wenn das Wetter ein bisschen ungemütlich ist, umso besser. Auf dem ganzjährig geöffneten Friesland Camping kann man nämlich auch den ostfriesischen Herbst und Winter genießen. Der Platz wurde von den neuen Besitzern frisch saniert und erstrahlt nun in neuem Glanz.
Im hohen Norden Niedersachsens, nahe Wilhelmshaven, liegt dieser kleine gemütliche Campingplatz. Geläufiger als das größere Wilhelmshaven dürfte vielen wohl ein anderer Ort sein: Nur eine kurze Radelstrecke entfernt liegt Jever, bekannt durch seine Biermarke. Darüber hinaus gibt es hier auch eine kleine Altstadt und einen schönen englischen Schlosspark zu besichtigen. Übrigens, die richtige Aussprache des Ortes lautet »Jefer«, nicht mit »w« wie in der bekannten Werbung. Da sich die falsche Aussprache jedoch durchgesetzt hat, wurde sie auch vom Konzern übernommen. Wer sich also einen Pluspunkt bei den Einheimischen sichern möchte, weiß nun, wie das geht.
Einkaufs- und Einkehrmöglichkeiten bietet der kleine Ort Schortens, der ebenfalls einen Spaziergang wert ist. Besonders sehenswert ist die Langsamstraße am anderen Ende des Orts. Sie wurde 2013 zur schönsten Straße Deutschlands gekürt. Eingedeckt mit Bier oder Tee, je nach Wetter und Laune, wartet auf dem Platz schon ein Bänkchen am eigenen Naturbadesee. Mit Blick auf das stille Wasser kann der Tag entspannt ausklingen. Übernachtungen sind nicht nur mit dem eigenen Zuhause möglich. Es gibt auch Seelodges und Glamping Domes mit Rundumblick.

Friesland Camping · Am Schwimmbad 2 · 26419 Schortens
Tel. 04461/758727 · friesland-camping.de · GPS: 53.550644, 7.935551

26 Schwäbisch-nordische Fusion

AUF DIESER ANLAGE sind Camper in professionellen Händen. Dank langjähriger eigener Reiseerfahrung wissen die Betreiber des Reisemobilparks Sagter-Ems ganz genau, was die Herzen von naturliebenden Campern höherschlagen lässt. Der Platz liegt im Saterland zwischen Leer, Cloppenburg und Oldenburg. Die hier vorherrschende Moorlandschaft war lange Zeit die Lebensgrundlage der Menschen in dieser Gegend.

Mehr über die Geschichte des Landkreises und des Torfabbaus kann man im Moor- und Fehnmuseum in Elisabethfehn erfahren. Das Museum ist nur eine kurze Radstrecke vom Platz entfernt und die flache Landschaft lädt sogar Sportmuffel ein, sich auf den Drahtesel zu schwingen. Für größere Touren können E-Bikes und sogar ein kleines Auto auf dem Platz ausgeliehen werden. Ein schöner Tagesauflug führt zum Beispiel ins nahe Oldenburg. Die kleine Universitätsstadt bietet eine gute Mischung aus historischen Sehenswürdigkeiten, norddeutschem Flair und modernem Shoppingerlebnis.

Im Vergleich zum norddeutschen Plattdeutsch hat sich im Saterland eine ganz eigene Sprache entwickelt, das Saterfriesisch. Nicht nur der Dialekt, auch die Küche unterscheidet sich etwas von der Umgebung. Im Reisemobilpark dagegen gibt es eine weitere kulinarische, und sprachliche, Überraschung: Da die Betreiber aus dem schönen Schwabenländle stammen, werden im platzeigenen »Stüble« neben norddeutschen auch schwäbische Köstlichkeiten serviert. Das Restaurant ist von März bis Oktober geöffnet, der Reisemobilpark kann ganzjährig angefahren werden. Hinweis: Der Sanitärbereich ist im Winter üblicherweise geschlossen, daher ist die Anfahrt ggf. nur mit autarken Wohnmobilen möglich.

Reisemobilpark Sagter-Ems · Hauptstraße 608 · 26683 Saterland
Tel. 0173/969 62 22 · reisemobilpark-sagter-ems.de
GPS: 53.121709, 7.668237

↑ Hergottsb'scheißerle (Maultaschen) in Norddeutschland

↓ Der Park ist übersichtlich und von Natur umgeben.

↑ Lohnendes Ausflugsziel ist die Meyer Werft in Papenburg.
↓ Nach einem Ausflug kann man hier herrlich entspannen.

27

Insel-Feeling an der Ems

AUF IHREM WEG in die Nordsee mäandert die Ems in unzähligen Schleifen und Windungen durch den Norden. Dabei entstehen sogar ganze Inseln, wie hier nahe der niederländischen Grenze. Eingebettet zwischen Ems, einem kleinen Seitenarm des Flusses und dem Dortmund-Ems-Kanal liegt der Campingplatz Emstal. Auf dem von Bäumen eingefassten Areal gibt es Platz für 80 Camper. Ob man auf einem Stellplatz auf der offenen Fläche oder lieber zwischen Hecken stehen möchte, ist hier jedem selbst überlassen. »Natur und Ruhe tanken«, so lautet die Devise. Gruppenanmeldungen sind nicht möglich und die Anreise kann frühestens ab 11 Uhr morgens erfolgen.

Durch die Insellage liegt der Campingplatz herrlich ruhig, doch Langeweile kommt trotzdem nicht auf. Der Emsradweg führt direkt auf der anderen Kanalseite entlang und kann die Radler – je nach Motivation und Muskelkraft – bis zur Mündung in die Nordsee führen. Um ganz andere Fortbewegungsmittel geht es in der bekannten Meyer Werft in Papenburg. Es ist faszinierend, zu sehen, wie hier hochmoderne Ozeanriesen entstehen. Bei gutem Timing lässt sich die Überführung eines neuen Dampfers über die Ems in die Nordsee beobachten!

Wer sich sein Abendessen nicht selbst aus der Ems angeln möchte, der hat auf der »eigenen« Insel oder im nahegelegenen Örtchen Lathen einige Möglichkeiten, einzukehren. Hier gibt es auch einen Supermarkt, für den Fall, dass man im platzeigenen Kiosk nicht fündig geworden ist. Ein kleines Wohlfühl-Highlight zum Schluss: Sanitärgebäude mit Fußbodenheizung findet man wirklich selten auf Campingplätzen!

Campingplatz Emstal · Brinkstraße 14 · 49762 Sustrum
Tel. 05939/959 98 60 · campingplatz-emstal.de
GPS: 52.908858, 7.302308

Eine Radtour um den See
ist immer eine gute Idee.

Ost-deutschland

28 Into the wild

EINFACH IRGENDWO WILD CAMPEN, ist in Deutschland nicht gestattet, oder doch? Auf diesem naturbelassenen Platz an der Havel in Brandenburg jedenfalls gibt es Freisteh- und Freiheitsgefühl gratis mit dazu. Keine nummerierten Parzellen bestimmen, wo sich die Urlauber niederlassen, sei es mit Zelt, Van oder Wohnmobil. Wer zeltet, steht auf einer autofreien Wiese. Wer einen Stromanschluss benötigt, hat nicht mehr ganz die freie Wahl, hier sind die Plätze beschränkt. Autarke Camper können stehen, wo sie möchten, ohne auf einige Annehmlichkeiten verzichten zu müssen. Es gibt ein neu errichtetes Sanitärgebäude, eine Außenküche und überdachte Feuerstellen.

Der Ausflug auf der Havel, gemeinsam mit Freunden oder Familie, wird zu einem besonderen Erlebnis: Drei Holzflöße warten auf ihren Einsatz, um mit ihren neuen Kapitänen die Havel entlangzuschippern. Mehrere Sitzgelegenheiten, die zu Schlafplätzen umfunktioniert werden können, ermöglichen auch Mehrtagestouren. Um hier das Ruder zu übernehmen, ist kein Führerschein nötig. Doch keine Sorge: Es finden eine ausführliche Einweisung und Probefahrt statt, bevor das Kommando lautet: »Leinen los!« Für kürzere Ausflüge kann man Kanus leihen.

Zurück auf dem Platz heißt es dann, »Waffeleisen an!« Waffeln backen auf einem Campingplatz? Dank Leih-Eisen ist dieser für Camper außergewöhnliche Luxus kein Problem. Die Zutaten dafür lassen sich im Örtchen Fürstenberg erstehen, dort gibt es auch einige Restaurants, Cafés und Eisdielen. Die Frühstücksbrötchen kann man am Platz holen, außerdem kommt mehrmals in der Woche ein Bäckerwagen mit großer Auswahl vorbei.

Wilde Heimat · Zehdenicker Straße 34 d
16798 Wasserstadt Fürstenberg/Havel · Tel. 0173/432 09 17
wilde-heimat.de · GPS: 53.18021, 13.16360

↑ Bootsanleger am Röblinsee
↓ Rudertour, Seenlandschaft Uckermark

↑ Der Badestrand ist beliebt bei Groß und Klein.

↓ Ruhe und Entspannung gibt es im Campingbereich unter den lichten Bäumen.

29 Wo sich die Uhren langsamer drehen

BEIM KNATTERCAMPING geht es ruhig und gemütlich zu – auch wenn der Name vielleicht etwas anderes vermuten lässt. Am langgezogenen Bantikower See gelegen, ist hier eine kleine familiengeführte grüne Oase entstanden. Die unparzellierten Wiesen sind gespickt mit kleinen und größeren Bäumen, wodurch es auch im Sommer ausreichend Schattenplätzchen gibt. Ein kleiner FKK-Bereich ist mit Hecken vom übrigen Platz abgeschirmt. Es gibt mehrere durch Bootsanleger voneinander abgegrenzte Badestrände, sodass die vierbeinigen Freunde ebenfalls im Wasser planschen dürfen. Kinderanimation gibt es nicht, dafür ein Kleintiergehege mit Ziegen und Zwergschweinen.

Angesprochen werden auf dieser Anlage Naturfreunde, die im Grünen die Seele baumeln lassen möchten. Gleich in der Nähe befindet sich das 1788 gegründete Brandenburgische Haupt- und Landesgestüt Neustadt (Dosse). Bei Führungen, Kutschfahrten und verschiedenen Events rund um das Jahr kann es besichtigt werden. Für kulinarische Ausflüge muss man den Platz verlassen, doch es gibt bereits fußläufig mehrere Einkehrmöglichkeiten für den großen oder kleinen Hunger. Ein besonderer Tipp ist das auf einer Insel im See gelegene Wirtshaus »Insl« mit regionalen Leckereien. Wer hingegen in mittelalterlichem Ambiente schmausen möchte, kann sich zum 15 Autominuten entfernten Rittergut Kampehl aufmachen. Hier gibt es neben Kulinarischem auch Schauriges zu entdecken – mehr wird an dieser Stelle nicht verraten. Für die Brötchen zum Frühstück unter Bäumen wiederum müssen Urlauber den Platz nicht verlassen. Selbstversorger und Zeltbesitzer können zudem die Campingküche mit Aufenthaltsraum nutzen.

Knattercamping · Wusterhausener Str. 14 · 16868 Bantikow
Tel. 033979/14361 · knattercamping.de · GPS: 52.930816, 12.448655

30 Unter der Milchstraße

STERNENGUCKER UND HOBBY-ASTRONAUTEN aufgepasst! Denn einen freien Blick auf einen funkelnden Sternenhimmel zu erhaschen, das ist in einem dicht besiedelten Land wie unserem gar nicht so einfach. Durch die ständige Lichtverschmutzung scheint der Nachthimmel über uns oft trüb und dunkel. Dass dem nicht so ist und in Wahrheit ein wahres Lichterspektakel allabendlich über unseren Köpfen erscheint, sehen wir meistens nicht. Nur an wenigen Orten in Deutschland ist es nachts dunkel genug, um den Sternenhimmel in seiner vollen Pracht genießen zu können. Einen dieser Orte findet man erstaunlicherweise gar nicht so weit von unserer Hauptstadt entfernt. Die dünn besiedelte Landschaft im Westhavelland macht die Region zum perfekten Ort für einen Sternenpark.

Mittendrin, im Sternencamp Rübehorst, ist der Name Programm. Hier gibt es sogar ein platzeigenes Teleskop, damit kommen die Sterne den Campern noch ein Stückchen näher. Die beste Zeit zum Sternegucken ist übrigens im Frühjahr und Herbst, denn im Hochsommer wird der Nachthimmel nicht dunkel genug.

Doch natürlich gibt es hier auch noch andere Dinge zu tun, als den Kopf in den Nacken zu legen. Bei einer Kanutour auf der Dosse zur Havel hinauf vergeht der Tag wie im Flug. Die Boote können am Campingplatz ausgeliehen werden, komplett ausgestattet mit Schwimmwesten, Packtaschen und Kartenmaterial.

Rundum sorglos entspannen, das ist im Sternencamp von Mitte April bis Mitte Oktober angesagt. Dies funktioniert ohne Rezeption, dafür mit praktischem Online-Check-in und natürlich freier Platzwahl auf dem großen Gelände. Ein Bioladen im Dorf versorgt Reisende mit dem Nötigsten und ein kleiner Gemüsegarten steht den Gästen auf dem Platz außerdem zur Verfügung.

Sternencamp Rübehorst · Dorfstraße 5 · 16845 Großderschau
Tel. 0151/51216494 · sternencamp.de · GPS: 52.792157, 12.324937

↑ Nachts gibt es einen fantastischen Sternenhimmel.
↓ Tagsüber kann man die wunderbare Umgebung genießen.

↑ Einfahrt in den Kirschenhof

↓ Hier stehen die Gäste direkt auf den Obstplantagen.

31 Ein Traum aus Blüten

DIE KIRSCHBLÜTE ZEIGT SICH in voller Pracht, die Bäume wiegen sich sanft im Wind und die weiß-rosa Blüten duften verführerisch: Für diesen Anblick muss man nicht extra nach Japan reisen, das gibt es auch in Deutschland. Auf Van Dams Kirschenhof stehen Camper direkt auf der Plantage. Es reicht also aus, die Tür aufzumachen, und schon ist man mittendrin im Blütenparadies. Zur Erntezeit gibt es dann selbstverständlich Kirschen satt! Und nicht nur die süßen Früchte, auch Marmelade und süffige Obstweine können gekostet werden.

Rund um den Platz erstrecken sich die Felder des Havellandes mit seinen vielen Wander- und Wassersportmöglichkeiten. Nur eine kurze Fahrt entfernt liegen die Havel und einige Badeseen. Die schnuckelige Stadt Werder (Havel) mit ihrer Altstadt-Insel im Fluss ist auf jeden Fall einen Ausflug wert. Umgeben von Wasser lohnt sich ein Spaziergang – natürlich mit Pause in der Eisdiele – und Besuch der imposanten Kirche sowie der letzten Bockwindmühle der Insel. Der Weg dorthin ist auch mit dem Fahrrad gut zu bewältigen. Bei schlechtem Wetter wartet die Havel-Therme mit großem Sauna- und Thermenangebot. Potsdam mit seinem berühmten Schloss Sanssouci ist von Werder aus mit den öffentlichen Verkehrsmitteln nur einen Katzensprung entfernt. Wer nicht in Potsdam aussteigt, erreicht nach einer guten halben Stunde Berlin mit seinen schier unendlichen Freizeitmöglichkeiten.

Der Platz hat von April bis Oktober geöffnet. Beim jährlichen Baumblütenfest im April können die Gäste den Einzug des Frühlings feiern und Höfe und Gärten in der ganzen Region besuchen. Als originelle Mitbringsel vom Kirschhof bieten sich nicht nur eine Flasche Wein oder ein Glas Marmelade an. Wer noch Platz im Bulli hat, kann sogar ein ganzes Weinfass aus Eichenholz kaufen.

Van Dams Kirschenhof · Plötziner Chaussee 3 · 14542 Werder (Havel)
Tel. 0173/883 95 06 · vandamskirschenhof.de · GPS: 52.37225, 12.84619

32 Ein Jahrhundert-Platz

DER NATURCAMPINGPLATZ AM SPRINGSEE kann auf eine außergewöhnlich lange Geschichte zurückblicken. Bereits seit 1923 dürfen Camper und andere Reisende hier ihren Urlaub verbringen. Auf über 20 Hektar schmiegt sich der Platz an das Ufer des Springsees und bietet dabei Platz für über 200 Camper. Die Hauptstadt ist nicht weit weg – und könnte ferner doch nicht sein. Kein Trubel, kein Verkehrslärm – stattdessen das Rauschen der Bäume und das ruhige Wasser des Sees.

Umgeben von Wäldern und Seen finden hier insbesondere Hundefreunde ein Paradies vor. Bereits zur Begrüßung gibt es ein kleines Willkommensgeschenk für die Fellnasen. In einem großen umzäunten Auslauf können sich die Vierbeiner mal wieder richtig austoben und natürlich dürfen sie auch mit in den See springen – hierfür gibt es ebenfalls einen eingezäunten Bereich. Für Futternachschub, nicht nur für die Vierbeiner, sorgt der platzeigene Shop.

Aus der Quelle am Ostufer des Sees, nördlich des Campingplatzes, sprudelt das ganze Jahr über klares, kaltes Wasser in den See. Sie ist auch Teil des 66-Seen-Wanderwegs, der auf 400 Kilometern einmal rund um Berlin führt. Die etwa fünf Kilometer lange Tour um den Springsee oder die zwölf Kilometer lange Runde, die zusätzlich um den Großen Glubigsee führt, tun es allerdings auch. Mit Rad oder Boot, beides kann am Platz entliehen werden, steht Besuchern die ganze Region des Naturparks Dahme-Heideseen offen. Angelfreunde können am Campingplatz Karten für den Springsee und die umliegenden Gewässer erwerben. Mit Ruhe und Geduld beißen die Fische sicher bald an. Den eigenen Fang dann abends auf einem der Grillplätze frisch zubereiten – der leckere Abschluss eines schönen Tages am See.

Naturcampingplatz am Springsee · Am Springsee 1 · 15859 Storkow (Mark)
Tel. 033677/440 · springsee.de · GPS: 52.171179, 13.994468

↑ Vom Schlaffass aus kann man direkt in den See hüpfen.
↓ Hier gibt es Urlaub für die ganze Familie, inklusive Vierbeiner.

33 Am Mittelpunkt Deutschlands

JULES VERNES PROTAGONISTEN reisen in seinem berühmten Buch bis zum Mittelpunkt der Erde, oder sie versuchen es zumindest. Um zum Mittelpunkt Deutschlands zu reisen, bedarf es weit weniger Anstrengung. Zwar ist es ganz schön kompliziert, den Mittelpunkt eines Landes zu berechnen, und es gibt daher mehrere Orte, die sich so nennen. Die Stelle, auf die sich die meisten einigen können, liegt jedoch in Thüringen, genau genommen 500 Meter nördlich von Niederdorla. Eine beeindruckende Kaiserlinde markiert den Punkt.

Der wohl mittigste Campingplatz Deutschlands liegt nur zehn Kilometer entfernt von dieser Kaiserlinde, am Eingang des Nationalparks Hainich. So zentral und dennoch abgelegen wie er ist, gibt es

Der Platz ist liebevoll angelegt und bietet somit auch etwas fürs Auge.

hier keinen Verkehrslärm und keine Hektik, sondern Ruhe und Natur. Der Platz ist voll ausgestattet mit kleinem Kiosk und Brötchenservice. Die in Rot gehaltenen Gebäude lassen auf dem weitläufigen Platz ein bisschen Schweden-Gefühl aufkommen. Mit dem UNESCO-Weltnaturerbe Nationalpark Hainich liegt das grüne Herz Deutschlands direkt vor der Haustür. Eine schöne, ca. drei Kilometer lange Wanderung führt zum Baumkronenpfad, über das Dach des Waldes. Der Park ist ein beeindruckendes Beispiel dafür, wie sich die Natur ihren Lebensraum zurückerobern kann. Kaum zu glauben, dass sich hier noch bis Anfang der 1990er-Jahre ein militärisches Sperrgebiet befunden hat. Einige Ecken des Waldes waren jedoch sogar für das Militär unzugänglich. Hier konnten sich jene uralten Buchenwälder behaupten, die 2011 von der UNESCO zum Weltnaturerbe erklärt wurden.

Campingplatz am Tor zum Hainich · Am Hainich 22 · 99991 Weberstedt
Tel. 036022/98690 · camping-hainich.de · GPS: 51.102703, 10.509043

Hier fühlt man sich gleich zuhause.

34 Rezept für einen schönen Urlaub

DIE ZUTATEN FÜR EINEN ENTSPANNTEN URLAUB sind überschaubar: Ein schönes Plätzchen im Grünen, Ruhe, wenn man es möchte, und Geselligkeit, wenn es sich ergibt. Schon dem Namen nach kann man hier nichts falsch machen – der liebevoll gestaltete »Campingplatz im Grünen« in der Nähe von Weimar verspricht und hält genau das. Idyllisch von Wald umgeben, finden hier von Zelt bis »Dickschiff« alle ein schönes Fleckchen zum Niederlassen. Der Wald hinter dem Platz gehört auch noch mit dazu und ist nicht nur für Kinder ein wahrer Abenteuerspielplatz.

Folgt man dem Ilmtal-Radweg, ist Weimar in nur einer halben Stunde erreicht. Das schöne Städtchen ist nicht nur wegen seiner berühmtesten Söhne Goethe und Schiller einen Besuch wert. Der große Landschaftspark am Rand der Altstadt ist eine grüne Oase und es ist leicht nachzuvollziehen, wie die beiden Dichter hier ins Schwärmen geraten konnten. Gäste, die kein Fahrrad dabeihaben, können sich auf dem Campingplatz eines ausleihen.

Kein Fahrrad, aber etwas Muskelkraft benötigt, wer den schönen Blick übers Ilmtal genießen möchte. Eine gute Stunde sollte man einplanen, dann ist der Carolinenturm mit seiner tollen Rundumsicht erreicht. Der Turm mit seinem tollen Rundumblick hat nur am Wochenende geöffnet, doch die Wanderung durch das schöne Waldgebiet lohnt sich trotzdem.

Zurück auf dem Platz gibt es in geselliger Runde ein Glas Wein in der »Männerwirtschaft«, in der Hauptsaison wird abends auch der Grill angefeuert. Wer sich lieber zurückziehen möchte, kann sich noch schnell ein Buch in der Bücherecke ausleihen oder eintauschen und den Abend beim Schmökern ausklingen lassen.

Campingplatz im Grünen · Auf dem Butterberge 1 · 99438 Oettern
Tel. 036453/80264 · campingplatzimgruenen.de
GPS: 50.924543, 11.346959

↑ Die »Männerwirtschaft« lädt zum gemütlichen Beisammensein ein.
↓ Felder und Wälder so weit das Auge reicht

↑ Von oben sieht man: Der Platz ist klein aber fein.
↓ Hier warten gepflegte Stellplätze und eine familiäre Atmosphäre auf die Gäste.

35 At the end of the road

HOHE ANSPRÜCHE werden an einen Ort gestellt, der das Prädikat »Heilklimatischer Kurort« tragen darf.
Der idyllische Luftkurort Finsterbergen im Thüringer Wald erfüllt diese Bedingungen. Es gibt keine Durchgangsstraße, die den Ort mit Verkehrslärm und Abgasen belasten könnte. Wer hierher fährt, sucht Ruhe und Bewegung an der (zertifiziert) frischen Luft. Am Rand des Ortes, zwischen Freibad und Körnbach, liegt der Platz »Rennsteig-Caravaning Valentinsteich«. Gerade einmal 36 Stellplätze und drei Ferienhäuser gibt es hier, umgeben von hohen Bäumen.
Ankommen, Liegestuhl aufklappen und die Wolken beim langsamen Dahinziehen über den Baumkronen beobachten. Auf den großzügigen Stellplätzen kann jeder nach seiner Fasson entspannen. Ein Seerosenteich lädt zum Träumen und Ruderbootfahren ein. Zum Baden können die Gäste ins benachbarte Freizeitbad springen. Rund um den Platz beginnt ein weit verzweigtes Netz aus Kur- und Wanderwegen sowie im Winter auch von Skilanglaufloipen. Der berühmte Rennsteig-Fernwanderweg ist ebenfalls nur ca. fünf Kilometer entfernt. Die Städte Gotha, Erfurt, Eisenach und Weimar locken mit reichhaltigem Kulturangebot. Im Winter lohnt sich ein Ausflug zum Biathlonstadion und zur Rennrodelbahn nach Oberhof. Wem eher nach warm-wohliger Entspannung ist, der setzt sich in den Hot Pot, eine beheizte Holzwanne unter freiem Himmel. Sogar eine Sauna und ein Trockenraum für die Winterausrüstung finden sich auf dem Platz, damit steht dem Wintercamping auf dem ganzjährig geöffneten Platz nichts mehr im Wege. Brötchen- und Zeitungsservice machen den Entspannungsurlaub perfekt.

Rennsteig-Caravaning Valentinsteich · Friedrichrodaer Weg 3a
99894 Friedrichroda · Tel. 03623/310775
rennsteig-caravaning.de · GPS: 50.840503, 10.580961

36 Urwald in den Bergen

URWÄLDER GIBT ES NUR IN DEN TROPEN? Ganz bestimmt nicht! Mitten in Deutschland, im UNESCO-Biosphärenreservat Thüringer Wald, liegt das Vessertal. Sattes Grün, urige Bäume und klare Bäche – das erwartet Wanderer, die auf dem Urwaldpfad Vessertal unterwegs sind.

Am Beginn des Rundwegs und damit am Eingang zu diesem herrlichen Naturschutzgebiet liegt der Campingplatz Am Waldbad. Auf 60 terrassierten Stellplätzen mitten im Grünen können Gäste hier Natur und Ruhe in vollen Zügen genießen. Außer der Möglichkeit, einfach nur die Seele baumeln zu lassen, kann man natürlich auch noch sportlich aktiv werden.

Neben dem 20 Kilometer langen Urwaldpfad gibt es noch unzählige weitere Wandermöglichkeiten, die auch von ungeübten Wanderfreunden gut zu bewältigen sind. Die sanften Hügel des Thüringer Walds sind von einem ganzen Netz an Wander- und Radwegen durchzogen. Für eine nasse Erfrischung sorgt ein Sprung in das kleine Freibad am Platz. Hier kann man bei Sonnenschein gut seine Zeit verbringen und ein paar Bahnen ziehen. Für Kinder gibt es neben dem Freibad einen kleinen Spielplatz und mit den Ziegen Max und Moritz gleich noch Spielpartner mit dazu. Auf dem ganzjährig geöffneten Platz ist auch im Winter etwas los: Rodeln und Skilaufen in der verschneiten Umgebung sind dann angesagt. Wo man im Sommer die Berge mit dem Fahrrad langsam hochstrampelt, saust man im Winter auf Brettern in Nullkommanichts wieder hinunter.

Da (Mittel-)Gebirgsluft bekanntlich hungrig macht, gibt es unweit des Platzes eine Gaststätte mit leckeren Gerichten. Brötchen und Eier zum Frühstück können die Gäste direkt vor Ort kaufen.

Campingplatz Am Waldbad Breitenbach · Zum Campingplatz 7
98553 Breitenbach (bei Schleusingen) · Tel. 036841/41153
campingbreitenbach.de · GPS: 50.547383, 10.778744

↑ Das kleine Freibad ist ideal für eine Abkühlung an heißen Tagen.
↓ Zwischen den Hügeln des Thüringer Walds steht man hier herrlich ruhig.

↑ Ein Paddelausflug gefällt auch dem Hund.

↓ Direkt am Flussufer stehen, das ist hier kein Problem.

37 Die Stufen zum Glück

KLEIN ABER FEIN, so ist dieser Platz am Trepplesfelsen. Wie eine Treppe ist er auch aufgebaut. Oben befinden sich der Eingang mit Restaurant und Sanitärgebäude. Dann geht es in unregelmäßigen Stufen bis hinab zur Saale. Sowohl auf den einzelnen »Stufen« als auch auf der Wiese am Fluss können Wohnmobile ihr Plätzchen finden. Gäste, die den Aufstieg zum Sanitärgebäude – und die Nähe zum Wasser – nicht scheuen, haben die Möglichkeit, direkt am Fluss zu stehen. Hier unten gibt es zwar nicht mehr Strom für jeden, dafür aber Flussromantik pur. Während der Blick übers Wasser schweift, verlieren sich die Gedanken an den hektischen Alltag von ganz allein. Wer das Wasser gar nicht mehr verlassen mag, der kann direkt vom Wohnmobil aus mit platzeigenen Kanus ins nasse Abenteuer starten. Nach der Rückkehr bietet die Hutzenstube direkt am Platz eine Stärkung mit Thüringer Hausmannskost.

Der Campingplatz befindet sich direkt am Saale-Radweg und für Wanderfreunde gibt es ebenfalls viel zu entdecken. So endet – oder beginnt? – der bekannte Rennsteig Wanderweg im Nachbarort Blankenstein. Dort befinden sich zudem die nächsten Einkaufsmöglichkeiten. Natürlich gibt es auch kleinere Touren, einige Tipps dazu lassen sich auf der Übersichtskarte des Ortes an der Zufahrtsstraße zum Campingplatz nachlesen. Sind die Felsen rund um den Campingplatz erst einmal erklommen, wird man mit großartigen Ausblicken auf die Saale und Umgebung belohnt. Der Platz ist von April bis Oktober geöffnet. Reisende sollten unbedingt vorher reservieren, denn die wenigen Plätze sind schnell belegt. Außerdem zu beachten: Es ist die Anfahrt über die Bahnhofstraße zu empfehlen, sonst wird es eng und steil!

Camping am Trepplesfelsen · Kirchberg 2
07366 Rosenthal am Rennsteig · Tel. 0171/611 21 34
campingplatz-am-trepplesfelsen.jimdosite.com
GPS: 50.419655, 11.687443

38 Im Osten was Neues

DER ÖSTLICHSTE ZIPFEL DEUTSCHLANDS steht wahrscheinlich bei den meisten Campern nicht ganz oben auf der To-do-Liste – zu Unrecht! Am schönen Bautzen geht es vorbei in Richtung der polnischen Grenze und dann hinauf aufs Land. Die Anreise lohnt sich, denn im Freizeit- und Campingpark Thräna wird einiges geboten. In dem familiengeführten Campingpark gibt es großzügige Wiesenplätze für alle. Bei der Aufteilung des Platzes in verschiedene Bereiche wurde sowohl an die Bedürfnisse von Familien mit Kindern als auch von Ruhesuchenden gedacht. Schulklassen und Jugendgruppen sind hier nicht anzutreffen.

Während im Campingpark also eher gelassene Ruhe herrscht, steppt nebenan der Bär. Hier beginnt die zugehörige Freizeitoase mit Kinderspielplatz, Gastronomie, Grillplätzen und vielem mehr. Dieser Bereich ist auch für Tagesgäste zugänglich, für Camper ist der Eintritt kostenlos. Ein Highlight für alle Altersgruppen ist dabei sicherlich das 20 Hektar große Wildtiergehege. Bei einem Spaziergang um das weitläufige Areal lassen sich Dam- und Rotwild sowie majestätische Mufflons mit ihren geschwungenen Hörnern beobachten. Wer mehr Action möchte, für den ist eine Runde Gaudi-Golf genau das Richtige.

Es scheint nur so, als wäre der Platz weit abgelegen, dabei befindet er sich – aus einer anderen Perspektive betrachtet – mittendrin. Und zwar mittendrin im Dreiländereck mit Polen und Tschechien. Die Städte Breslau und Prag sind zum Beispiel jeweils nur zwei Stunden entfernt. Wem das mit dem eigenen Auto zu weit ist, für den organisieren die Platzmitarbeiter gerne eine Fahrt mit dem Kleinbus. So wird der Städtetrip zu einem rundum entspannten Erlebnis.

Freizeit- und Campingpark Thräna · Zum Wildgehege 1
02906 Hohendubrau · Tel. 035876/412 38 · freizeitcamp-thraena.de
GPS: 51.235760, 14.699950

↑ Die Ziegen freuen sich über Aufmerksamkeit (und Leckereien).

↓ Neben Platz zum Toben gibt es auch großzügige Parzellen für die Wohnmobile.

Im Hofladen mit eigener Milchtankstelle gibt es allerlei Leckereien.

39 Landluft schnuppern

DIE GROSSE WIESE hinter dem Hof der Familie Sell bietet alles, was ein Campingplatz braucht: großzügige Stellplätze, eine Ver- und Entsorgung und sogar Stromanschluss. Der Bauernhof liegt idyllisch im Naturpark Zittauer Gebirge und eröffnet Ausflugsmöglichkeiten in alle Himmelsrichtungen. Auch über Landesgrenzen – Tschechien und Polen sind nicht weit entfernt. Ausflüge in die Nationalparks Böhmische Schweiz (Tschechien) und Sächsische Schweiz (Deutschland) gehören hier zum Pflichtprogramm.

Doch auch die unmittelbare Umgebung des Platzes lädt zum Erforschen ein. Bizarre Felsformationen können hier, im kleinsten Mittelgebirge Deutschlands, erkundet werden. Ein bisschen wackelig sieht es auf den ersten Blick aus, wie die oben immer breiter werdenden Sandsteinfelsen scheinbar der Schwerkraft trotzen. Doch keine Sorge, so schnell bewegt sich hier nichts mehr. Sportlich wird es bei einer Mountainbike- oder Klettertour. Dank der Bushaltestelle vor der Haustür sind viele Ausflugsziele auch ohne eigenes Auto zu erreichen. Tröpfelt der Regen, bietet sich das Schmetterlingshaus in Jonsdorf an. Bei tropischen Temperaturen herrscht unter der großen Kuppel ein kunterbuntes Treiben verschiedenster Schmetterlingsarten.

Zurück auf dem Sell-Hof wartet schon ein frisch gezapftes … Glas Milch! Die hofeigene Milchtankstelle hat rund um die Uhr geöffnet. Die Milch ist unbehandelt und nur gekühlt, ein ganz besonderer Genuss, den es im Supermarkt nicht zu kaufen gibt. Weitere Köstlichkeiten aus eigener Produktion hält der Hofladen bereit. Ein kleiner Hinweis an die Stadtkinder sei noch erlaubt: Ein landwirtschaftlicher Betrieb mit Viehhaltung ist weder geruchsneutral noch lautlos – dafür gibt es hier einen Einblick in das echte Landleben.

Sell-Hof · Saalendorf 5 · 02799 Großschönau · Tel. 035841/363 57
sell-hof.de · GPS: 50.869111, 14.672284

40 Oase im Felsenmeer

FERNAB VOM ALLTAGSSTRESS liegt eine kleine Oase der Ruhe. Sie bietet einen unverstellten Blick auf die sanften Hügel des Nationalparks Sächsische Schweiz – näher an der Natur geht es kaum. Die Gäste können hier jedoch nicht nur die Ausblicke auf das Kirnitzschtal und das Gebiet der Affensteine genießen. Diese anspruchsvollen Kletterfelsen sind Ziele für einen schönen Tagesausflug, auch für diejenigen, die lieber festen Boden unter den Füßen behalten wollen. Im ganzen Gebiet finden sich zahlreiche weitere Wanderungen.

Ebenfalls einen Ausflug wert ist die berühmte Basteibrücke im Elbsandsteingebirge. Dorthin lohnt sich ein früher Start, denn die bekannteste Sehenswürdigkeit der Gegend ist schnell überlaufen. Natürlich kann man auch direkt vom Platz aus starten und sich den Nationalpark zu Fuß erschließen. Dafür stehen 1200 Kilometer an offiziellen Wanderwegen im Elbsandsteingebirge zur Verfügung. Egal, ob nach anstrengendem Klettern, einer langen Wanderung oder einfach so: Ein bisschen Wellness und Entspannung hat man sich immer verdient! Für einen kleinen Aufpreis steht die platzeigene Sauna zur Verfügung, Massagen können ebenfalls gebucht werden. Gerade in der kälteren Jahreszeit ist sie eine muckelige Wohlfühl-Oase. Größer angelegt ist die Toskana Therme in Bad Schandau, nur zehn Autominuten vom Platz entfernt. Der kleine Kneippkurort lädt außerdem zu einem gemütlichen Bummel durch den historischen Stadtkern ein.

Der Platz ist ganzjährig geöffnet und bietet Ver- und Entsorgung. Es gibt moderne Sanitäranlagen, einen Grillplatz und eine Campingküche mit Holzofen. Fürs Frühstück können Brötchen vorbestellt werden.

Kleine Bergoase Sächsische Schweiz · Obere Straße 19 · 01855 Sebnitz
Tel. 0176/22 90 65 38 · berg-oase.de · GPS: 50.935412, 14.211016

↑ Vor dem Camper beginnt das Wander- und Kletterparadies.
↓ Saftiges Grün und herrlicher Ausblick

↑ Der Platz befindet sich in Laufnähe zur Kleinstadt Thale.

↓ Leckeres Eis für zwischendurch gibt's an der Rezeption.

41 Auf zum Hexentanz

JEDES JAHR AM 30. APRIL verwandelt sich das Bodetal im Harz in einen Hexenkessel. Die Walpurgisnacht auf dem Hexentanzplatz in Thale ist ein großes Spektakel mit Live-Musik, Feuerwerk und jeder Menge Hexen und Teufel.

Beschaulicher, aber nicht weniger sagenhaft geht es an den anderen 364 Tagen im Jahr zu, wenn das Bodetal den irdischen Besuchern vorbehalten ist. Auf dem voll ausgestatteten Klostercamping Thale kommt alles zusammen: Herrliche Natur und Anbindung an eine nette kleine Stadt. Mit seinen grünen Stellflächen und dem kleinen Bach, der mitten durch das Gelände fließt, kann man hier wunderbar abschalten und die Seele baumeln lassen. Nur wenige Fußminuten sind es zum Zentrum von Thale. Auf dem Weg ins Bodetal kommt man an Cafés und Restaurants zur Einkehr vorbei.

Getreu dem Namen »Sagenharz« führen jede Menge mythischer Wanderwege durch die Region. Allen voran der bekannte Harzer-Hexen-Stieg, der auch zum sagenumwobenen Brocken hinaufführt. Vom Campingplatz aus sind der Hexentanzplatz und die Rosstrappe gut zu Fuß zu erklimmen. Der Weg von Thale aus heißt – na klar – Hexensteig. Für die letzten steilen Meter auf den Berg hinauf gibt es auch eine Gondel. Bei beiden Ausflugszielen wird der anspruchsvolle Aufstieg mit einer atemberaubenden Aussicht belohnt.

In den Wintermonaten hat der Campingplatz geschlossen. Der Wohnmobilstellplatz »Kleine Mühle« mit Strom sowie Ver- und Entsorgung direkt nebenan kann jedoch ohne Reservierung angefahren werden, die Bezahlung erfolgt am Automaten. Noch ein Tipp für Zelter und Vorzelte-Aufsteller: Der harte Boden hier hat es in sich und ist ein guter Test für Material und Muskelkraft.

Klostercamping Thale · Wendhusenstraße 3 · 06502 Thale
Tel. 03947/63185 · klostercamping-thale.de · GPS: 51.755930, 11.050109

42 Lustwandeln im Gartenparadies

AM RANDE DES HARZES liegt der kleine Kurort Bad Suderode. Seine schicke Bäderarchitektur und großzügigen Parkanlagen ziehen schon seit über 150 Jahren Gesundheitsurlauber an. Der familiengeführte Harzer Feriengarten am Ortsrand von Bad Suderode fügt sich wunderbar in das Konzept des Heilbads ein. Auf 2,5 Hektar wurde hier ein richtiges Gartenparadies geschaffen.

Der liebevoll angelegte und gut durchdachte Garten ist eine Oase der Ruhe und lädt zum Lustwandeln ein. Inmitten der grünen Vielfalt kann man immer wieder etwas Neues entdecken – vom Vogelhäuschen für die geflügelten Gäste bis zu kleinen Teichen mit Seerosen. Überall auf dem Gelände finden sich Sitzgelegenheiten zum Innehalten.

Im Frühjahr erwacht der Garten mit einer herrlich duftenden Blütenpracht, an der man sich gar nicht sattsehen kann. Im Sommer und Herbst. dürfen dann die Früchte der vielen Obstbäume genascht werden. Die Gäste dürfen sich auch im Kräutergarten bedienen und so die Camperküche aufpeppen. Im kleinen Streichelgarten nebenan kann man mit Ziegen, Pfauen und Hühnern auf Tuchfühlung gehen. Obwohl: Wenn der Platz schon Natur pur bietet, muss auch die Umgebung unbedingt erkundet werden! Vom Feriengarten aus führen Wanderwege durch das Bode- und Selketal tiefer in den Harz hinein. Die UNESCO-Welterbestadt Quedlinburg mit ihren pittoresken Fachwerkhäusern ist ebenfalls nur wenige Kilometer entfernt und immer einen Ausflug wert.

Im Feriengarten gibt es elf Stellplätze und zehn Ferienhäuser, die sich ganz natürlich in die Anlage einfügen. Das moderne Sanitärgebäude wartet mit je einem eigenen Bad pro Stellplatz auf, das während des Aufenthalts exklusiv genutzt werden kann. Da es nur wenige Plätze gibt, sollte man am besten vorher reservieren.

Harzer Feriengarten · Jägerstraße 22 · 06485 Quedlinburg
Tel. 039485/624 46 · feriengarten.de · GPS: 51.726627, 11.122642

↑ Einfach mal abschalten und die Natur genießen
↓ Die wenigen Stellplätze sind über das Areal verteilt.

↑ Rühstädt ist berühmt für seine Störche.

↓ Schlosshotel in Rühstädt

43 Von Seen und Störchen

ZWISCHEN BERLIN UND HAMBURG, zwischen Elbe und Gülper See, liegt die kleine Gemeinde Kamern. Auch sie verfügt über einen eigenen See, an dessen Rand sich der schnuckelige Naturcampingplatz »Am Kamernschen See« etabliert hat. Unter den neuen Betreibern wurde er erst kürzlich aus dem Dornröschenschlaf erweckt und erstrahlt nun in neuem Glanz. Auf dem zwei Hektar großen Gelände mit seinem alten Eichenbestand gibt es viel Platz zum Entspannen. Auch bei Vollbelegung verteilen sich nur 120 Camper auf dem unparzellierten Areal.

Nummer eins der Freizeitbeschäftigungen ist natürlich ein Sprung ins klare Wasser des Sees! Eine Kanutour ist hier ebenfalls möglich, denn der See ist über einen Zulauf mit der Havel verbunden. Der dazugehörige schwimmende Untersatz – sowie SUPs und Ruderboote – kann am Platz ausgeliehen werden. Also nichts wie los!

Wer lieber trockenen Fußes unterwegs ist, dem sei eine Radtour entlang der nahen Elbe empfohlen. Ein tierisches Highlight gibt es im 24 Kilometer entfernten Rühstädt: Im sogenannten »Storchendorf« lebt die größte Storchenkolonie Mitteleuropas. Man munkelt, dass es mehr Störche als Einwohner geben soll, die hier in jedem Frühjahr ihre Jungen großziehen.

Nachhaltigkeit wird auf der Anlage, die sich mitten in einem Natur- und Vogelschutzgebiet befindet, ernst genommen. Von der Pflanzung neuer Naturhecken für die geflügelten Gäste bis zum ressourcenschonenden Vorgehen bei Neubauten. Unter den Füßen spürt man folgerichtig keinen Asphalt, sondern man läuft weich auf den sandigen Wegen. Da ist es auch selbstverständlich, dass der Imbiss seine Gäste mit regionalen Spezialitäten von den Bauernhöfen der Umgebung verwöhnt.

Campingplatz Am Kamernschen See · Am Deich 16 · 39524 Kamern
Tel. 0176/10431429 · camping-kamern.de · GPS: 52.746451, 12.101561

Herrlicher Blick auf die
Moselschleife bei Trittenheim

West-deutschland

44 Flauschige Freunde

LETZTENDLICH SIEGT DIE NEUGIER – doch erst werden die neuen Zaungäste vorsichtig beäugt, dann kommt man sich Schritt für Schritt näher. Die Zaungäste sind in diesem Fall die Camper, denn beim Urlaub auf dem Hof der Sternenzelt Alpakas im Westmünsterland darf man mit seinem Wohnmobil direkt neben der Weide stehen. Wuscheliges Fell, große Knopfaugen und weiche Nüstern: Alpakas sind einfach knuffige Tiere! Wer Glück hat, dem leisten sie bereits beim Frühstück vor dem Camper Gesellschaft. Der kleine Platz ist mit allem ausgestattet, was man so braucht. Eine Feuerstelle, ein Kinderspielplatz und ein kleiner Kiosk machen den Urlaub hier zu einem rundum entspannten Erlebnis.

Auf dem Hof ist alles auf Alpakas ausgerichtet und es gibt viele Möglichkeiten, die Tiere kennenzulernen. Bei einer ersten Schnupperstunde erfahren die Gäste allerhand Wissenswertes über Alpakas im Allgemeinen und die Hofherde im Besonderen. Dank leckerer Bestechung verlieren sie ihre natürliche Scheu vor den Besuchern und können gestreichelt werden. Bei einer gemeinsamen Wanderung entsteht bestimmt das eine oder andere Foto, das an die neuen flauschigen Freunde erinnert. Ein Highlight ist die Möglichkeit, eine Yogastunde mit Alpakas zu verbringen. Sie findet mitten auf der Weide statt, so überträgt sich die natürliche Ruhe und Entspanntheit der Tiere im Nu auf die Teilnehmer. Mit nach Hause nehmen kann man sie leider nicht, aber dafür gibt es einen kleinen Shop mit Alpaka-Produkten.

Wer sich von den Fellnasen losreißen kann, dem sei ein Ausflug zum acht Kilometer entfernten Schloss Raesfeld mit dem höchsten Schlossturm Westfalens empfohlen. Hinter dem herrschaftlichen Anwesen beginnt mit dem historischen Tiergarten ein großes naturbelassenes Gelände, das zum Wandern einlädt.

Sternenzelt Alpakas · Wieher Esch 3a · 46325 Borken · Tel. 0170/569 67 83
sternenzeltalpakas.de · GPS: 51.810460, 6.874265

↑ Hallo, wer bist du denn?

↓ Hinter dem Hof ist genug Platz für ausgiebige Spaziergänge.

↑ Das gemütliche Schlaffass ist eine gute Alternative zu Zelt oder Wohnmobil.
↓ Freier Blick ins Bergische Land

45 So nah und doch so fern

IN UNMITTELBARER NÄHE zu den nordrhein-westfälischen Ballungsräumen Köln/Bonn liegt einer der größten Naturparks Deutschlands. Im Gegensatz zu den hektischen Großstädten hat im Bergischen Land die Natur noch das Sagen und soll unter anderem durch nachhaltigen Tourismus weiter erhalten bleiben. Auch wenn der gut besiedelte und (land-)wirtschaftlich genutzte Naturpark bei Weitem kein Urwald ist, einen Ausgleich zum städtischen Alltag findet man hier in jedem Fall. Ziemlich genau im Zentrum des Naturparks Bergisches Land liegt ein sonniger Campingpark. Dank Südhanglage gibt es hier Sonne satt und grüne Ausblicke ins beschauliche Tal gleich noch obendrauf. Neben Stellplätzen gibt es hier auch Zeltplätze, Schlaffässer, Bauwagen und die Möglichkeit, das eigene Baumzelt aufzuhängen. Die ganze Familie ist willkommen, inklusive der vierbeinigen Familienmitglieder. Die modernen Sanitäranlagen sind sogar mit Hundeduschen ausgestattet, da steht einem ausführlichen Toben auf der eingezäunten Hundewiese nichts mehr im Wege. Den Kids wird es mit Streichelzoo, Spielplatz und natürlich dem obligatorischen Eis am Kiosk ebenfalls nicht langweilig.

Das Bergische Land hat seinen Namen zwar nicht von den Bergen dort, doch hügelig ist es allemal! Direkt vom Platz aus starten einige kurze und längere Wanderungen, die von den Betreibern auf der Website zusammengestellt wurden. Auch Mountainbiker können sich über rasante Abfahrten und tolle Ausblicke freuen.

Ein Urlaub in dieser Gegend lockt nicht nur mit Natur, auch die Küche ist eine ganz eigene. Probiert werden sollte daher unbedingt eine Bergische Potthucke, dies ist ein herzhafter Kartoffelkuchen, oder – für Naschkatzen – bergische Waffeln! Letztere gibt es übrigens direkt auf dem Platz im eigenen kleinen Restaurant.

Campingpark im Bergischen Land · Oberbüschem 45 · 51789 Lindlar
Tel. 02266/6652 · mein-campingpark.de · GPS: 51.06784, 7.38258

46 Für Sternengucker und Tagträumer

WEISST DU, WIE VIEL STERNLEIN STEHEN? Ganz sicher nicht, aber hier ist ein guter Ort, um mit dem Zählen zu beginnen. Im Camp-Hammer im zertifizierten Sternenpark Nationalpark Eifel wird viel Wert auf einen schonenden Umgang mit der Natur und ihren Ressourcen gelegt. Zu einem möglichst kleinen CO_2-Fußabdruck gehören hier nicht nur Ökostrom aus Wasserenergie und konsequente Müllvermeidung. Alle Lampen des Platzes sind darüber hinaus mit einem besonderen Lichtfilter versehen und strahlen nur nach unten. So wird die Lichtverschmutzung minimiert und Tiere – und Menschen? – können wieder ihrem natürlichen Tag-Nacht-Rhythmus folgen. Für die Gäste heißt das: Taschenlampe einpacken, denn nachts wird das Licht ganz ausgeschaltet. Ohne künstliches Licht erstrahlen die Sterne umso heller und manch einer wird zum ersten Mal sehen, wie unser Nachthimmel eigentlich aussehen könnte. Ein Tipp: Vom warmen Hot Tub aus lässt sich der Anblick ganz besonders gut genießen!
Vom Platz aus lässt sich der Nationalpark unmittelbar erleben. Ob auf einem der zahlreichen Wanderwege oder mit dem Fahrrad am Rur-Ufer entlang, die Entdeckung der Eifel kann direkt losgehen. Viele Infos zum Nationalpark erhält, wer eine Wanderung gemeinsam mit einem der Ranger unternimmt. Die Wanderungen werden kostenfrei angeboten und reichen von barrierefrei bis anspruchsvoll. Stärkung dafür holt man sich am besten im platzeigenen Café. Das Highlight für Kinder: Sie dürfen die Umgebung gemeinsam mit den entspannten Ponys erkunden. Sogar das eigene Pferd kann mitgebracht und hier untergestellt werden. Hunde sind im Camp nicht gestattet, ihre Anwesenheit ist auf den dazugehörigen Wohnmobilhafen beschränkt.

Camp-Hammer · An der Streng 6–7 · 52152 Simmerath
Tel. 02473/938 30 03 · camp-hammer.de · GPS: 50.56382, 6.33361

Im warmen Wasser lässt es sich auch im Winter gut aushalten.

↑ Auch außergewöhnliche Übernachtungsmöglichkeiten finden hier einen Platz.
↓ Die große Zeltwiese lässt viel Freiraum zum Entfalten.

47 Grüne Enklave

DER ÜBER 120 KILOMETER lange Vennbahn-Radweg verläuft an der deutsch-belgischen Grenze. Genau genommen, verläuft er auf belgischem Staatsgebiet, zwischen zwei deutschen Grenzen. Na, noch mitgekommen? Hier die Erklärung: Nach Ende des Ersten Weltkriegs wurde die Grenze zwischen Deutschland und Belgien neu ausgehandelt. Nach einigem Hin und Her wurde die Strecke der Vennbahntrasse zu belgischem Staatsgebiet, was Deutschland fünf zusätzliche Enklaven, also nur durch fremdes Staatsgebiet zugängliche Staatsterritorien, bescherte. Während des Zweiten Weltkriegs wurde dann nochmals um die Gebiete gerangelt. Die bewegte Geschichte der Region fand mit dem Wegfall der Grenzkontrollen in den 1990er-Jahren ein versöhnliches Ende. Heute existiert die Trasse der Vennbahn nur noch als beliebter Radweg und das einzige Grenzproblem, das Reisende erfahren könnten, ist ein schlechter Handyempfang.

In fußläufiger Nähe des Städtchens Monschau und damit auch nahe der Vennbahn gelegen, befindet sich das Naturcamp Perlenau. Hier wird Ruhe großgeschrieben. Partyvolk wird freundlich gebeten, sich anderorts zu vergnügen. Für die Gäste bedeutet das: garantierte Entspannung auf den unterschiedlichen Stellplatzkategorien des Naturcamps. Von einsamen Plätzchen am Bachlauf bis zur geselligen, unparzellierten Wiese ist an alle gedacht. Wer bei der Buchung bereits sein Kennzeichen angibt, kann dank automatischer Erkennung direkt zum gebuchten Platz fahren. Es gibt eine Ver- und Entsorgung und Brötchen können an der Rezeption bestellt werden. Monschau selbst, die Stadt der Tuchmacher, besticht durch schnuckelige Fachwerkhäuschen und ist auf jeden Fall einen Ausflug wert.

Naturcamp Perlenau · Perlenau 7 · 52156 Monschau · Tel. 0160/106 53 05
monschau-perlenau.de · GPS: 50.543902, 6.236979
www.vennbahn.eu Streckeninfos und Wissenswertes über den Radweg

48 Bucklige Aussichten

AUF EINEM DER VIELEN HÜGEL des Odenwalds, am Rand eines kleinen Örtchens, hat sich das Terrassencamping Schlierbach einen Platz in Toplage gesichert. Wie der Name schon sagt, erstreckt sich der Platz auf mehreren Terrassen den Hang hinauf. Umgeben von hohen Bäumen, hat man hier einen großartigen Blick über das Tal. Ganz oben am Hang gibt es ein Übernachtungs-Highlight: In einem Bubble-Tent lässt sich der Ausblick dank durchsichtiger Hülle als 360-Grad-Panorama genießen. Geschützt vor Wind und Regen und dennoch mit unverstelltem Blick auf Sonnenuntergang und Nachthimmel sind unvergessliche Stunden garantiert!

Der Odenwald ist ein Paradies für Freizeitsportler und so bietet der Campingplatz den perfekten Ausgangspunkt für Touren in die Umgebung. Wer Tipps zu Wanderungen, Fahrradtouren, Reiten oder Bouldern sucht, dem helfen die Mitarbeiter der Anlage gerne weiter. Der Platz ist außerdem offizielle Stempelstelle des Nibelungensteigs und des Camino Incluso, es kommen also auch Weitwanderer auf ihre Kosten. Wer möchte einmal das eigene Wohnmobil aus der Vogelperspektive betrachten? Direkt vor Ort gibt es die Möglichkeit, mit einem Gleitschirm abzuheben.

Bei schlechtem Wetter lohnt sich ein Besuch im Deutschen Drachenmuseum unterhalb der Burg Lindenfels – es ist jeweils am Wochenende geöffnet. In Laufnähe zum Platz erzählt das kleine Museum die Geschichte des Fabelwesens, echte Drachen inklusive!

Zu guter Letzt ist auch für das leibliche Wohl am Platz gesorgt. Neben einem Brötchenservice und einem kleinen Kiosk bringt der regelmäßige Besuch eines Foodtrucks mit regionalen Köstlichkeiten Abwechslung in die Camperküche.

Terassencamping Schlierbach · Am Zentbuckel 11 · 64678 Lindenfels
Tel. 06255/630 · terrassencamping-schlierbach.de
GPS: 49.68210, 8.77121

↑ Am Lagerfeuer finden sich schnell neue Bekanntschaften.
↓ Zahlreiche Wander- und Fahrradwege beginnen direkt am Platz.

↑ Die kleine Wellness-Oase ist ein Highlight des Platzes.
↓ Wer Natur sucht, wird hier fündig.

49 Auf und ab im Odenwald

MITTEN IM ODENWALD, mit Blick auf saftige Wiesen und sanfte Hügel, liegt der Camping Park Hammelbach. Von den großzügigen, mit Hecken eingefassten Stellplätzen hat man eine fantastische Aussicht in das umliegende Tal und kann schon einmal den nächsten Spaziergang planen. Für Ausflüge mit dem Fahrrad sind E-Bikes von Vorteil, außer man möchte die Tour gleich mit einem kleinen Workout verbinden. Mountainbiker kommen hier jedoch voll auf ihre Kosten.

Für die Abkühlung im Sommer sorgt das kleine Freibad, das sich nur wenige Gehminuten vom Platz entfernt befindet. Die nähere Umgebung besticht vor allem durch Ruhe und Natur. Für Wanderfreunde gibt es den anspruchsvollen Nibelungensteig, der einmal quer durch den Odenwald führt und östlich von Hammelbach verläuft. Es muss aber nicht gleich die große Tagestour werden, direkt vom Platz aus starten jede Menge weitere Wanderwege. Vor allem der Klangwanderweg ist zu empfehlen, der im Ort startet und um Hammelbach herumführt. Die Universitätsstadt Heidelberg mit ihrem berühmten Renaissance-Schloss ist eine Stunde mit dem Auto entfernt.

Wer tagsüber den hügeligen Odenwald erobert hat, der hat sich abends Entspannung und Wellness redlich verdient. Dafür muss man den Platz gar nicht erst verlassen: Sauna, Dampfbad und Solarium stehen in der kleinen Wellness-Oase des Platzes bereit. Der kleine Ort Hammelbach bietet einige Einkehrmöglichkeiten, aber keinen Supermarkt. Ein kleiner Unverpacktladen versorgt die Camper mit dem Nötigsten – hier gilt es allerdings, die Öffnungszeiten im Blick zu behalten. Die Gäste dürfen sich jedoch über einen Brötchenservice am Platz freuen.

Camping Park Hammelbach · Gasse 17
64689 Grasellenbach/Hammelbach · Tel. 06253/38 31
camping-hammelbach.de · GPS: 49.632256, 8.830336

50 Jahrhunderte voller Baumgeschichten

DAS SIEGTAL IM WESTERWALD ist ein echtes Naturjuwel mit Wiesen, Flussauen und verwunschenen Wäldern. Mittendrin, nicht weit vom Fluss Sieg entfernt, befindet sich der Platz »Camping im Eichenwald«. Der Name ist hier Programm, denn die gepflegten Wiesenplätze werden von über 150 Jahre alten Bäumen eingerahmt. Sie verleihen dem Ort eine besondere parkähnliche Atmosphäre und spenden Schatten an heißen Sommertagen.
Wanderer und Radler haben hier jede Menge Möglichkeiten, um in Schwung zu kommen. Der Fernwanderweg Natursteig Sieg verläuft direkt über den Platz und führt auf gut beschilderten Wegen in die schönsten Ecken der Region. Das Praktische: Alle Etappen starten und enden an Bahnhöfen, sodass man immer wieder bequem zum

Hier kann man entspannt den Sommerurlaub verbringen.

Platz zurückkommt. Die nächste Bahnstation befindet sich in Niederhövels, ca. 2,5 Kilometer von der Anlage entfernt. Für kürzere Ausflüge gibt es die Erlebnisrundwege Räuberweg und Auenlandweg, die jeweils direkt am Campingplatz starten. Der Räuberweg mit seinen Mitmachstationen eignet sich gut für Familien mit Kindern. Empfehlenswert ist zudem der herrliche Radweg, der sich auf ebener Strecke immer entlang des Flusses Sieg schlängelt. Auch hier besteht die Möglichkeit, auf dem Rückweg die Bahn zu nutzen. So hat man wieder genug Kraft in den Beinen für den Anstieg zurück zum Campingplatz.
Auf dem ganzjährig geöffneten Platz ist man nicht nur der Natur nah, es wird auch auf die Umwelt geachtet. So sorgt eine Hackschnitzelheizung für Wärme, die Sonne für Strom, und das moderne Sanitärgebäude ist mit einem begrünten Dach ausgestattet.

Camping im Eichenwald · Roddern 2 · 57537 Mittelhof
Tel. 02742/910643 · camping-im-eichenwald.de · GPS: 50.78028, 7.79928

Auch für Zelte findet sich immer ein lauschiges Plätzchen.

↑ Bei den Workshops kann man sich kreativ austoben.
↓ Die Vielfalt der Natur gibt es im »SinnesGarten«.

51 Erleben mit allen Sinnen

DIE WESTERWÄLDER SEENPLATTE entstand einst von Menschenhand – ab dem 12. Jahrhundert wurden hier große Weiher für die Fischzucht angelegt. Immer größer wurden die Weiher, bis die heutigen sieben Seen entstanden waren. Ohne Fischzucht, dafür mit einer reichhaltigen Tier- und Pflanzenwelt, ist dieser Teil des Westerwalds heute ein Paradies für Naturliebhaber. An einen der sieben Weiher schmiegt sich der Campingpark Schönerlen. Der Weiher ist ausschließlich den Gästen des Campingparks vorbehalten, einer Schwimmrunde steht also nichts im Wege. Für Hunde, und ihre Besitzer, gibt es einen eigenen Bereich auf dem Platz. Auch Pferdebesitzer dürfen ihre Vierbeiner mitbringen, sie werden in der eigenen Wanderreitstation einquartiert.
Die Seenplatte steht größtenteils unter Naturschutz und bietet eine gut durchdachte touristische Infrastruktur mit beschilderten Rad- und Wanderwegen. Wer nicht auf eigene Faust loslaufen möchte, kann sich einer geführten Wanderung anschließen. Ein schöner Ausflug für Schlechtwettertage führt ins nahe »Kannenbäckerland«. In der Region zwischen Rhein- und Lahntal haben sich dank qualitativ bestem Tonvorkommen viele Betriebe angesiedelt, die Keramik und Töpferkunst herstellen. Das größte Keramikmuseum der Welt in Höhr-Grenzhausen ist dafür ein guter Startpunkt. Viele kleine Betriebe in der Region führen die Töpfertradition fort, so findet bestimmt jeder ein Mitbringsel nach seinem Geschmack. Wer nun den Künstler in sich entdeckt hat, der kann sich im Campingpark an einem besonderen Projekt beteiligen: Während der Sommerferien lernen die Gäste im »SinnesGarten«, wie sie aus natürlichen Materialien wie Blättern oder Gemüse und Früchten Farben herstellen können. Ein Bild mit diesen Naturfarben ist ein ganz besonderes Erinnerungsstück an einen wunderschönen Urlaub.

Campingpark Hofgut Schönerlen · Hofgut-Schönerlen 2 · 56244 Steinen
Tel. 02666/207 · camping-westerwald.de · GPS: 50.564555, 7.812561

52 Es grünt so grün ...

GREEN CAMPING – dieser Name verspricht einen schönen Platz in der Natur. Das stimmt auch, denn hier auf der Wiese direkt am Rhein kann man Natur pur genießen. Doch dieser kleine Platz hat größere Ziele. Camping im Einklang mit der Natur wird hier als ganzheitliches Konzept verstanden und umgesetzt. Das beginnt bei der Stromversorgung, die zu 100 Prozent Ökostrom nutzt, geht über den Einsatz einer Wärmepumpe als Heizung bis hin zum ökologischen Toilettenpapier im frisch sanierten Sanitärgebäude. In dem kleinen Shop am Platz werden regionale Leckereien angeboten. Wie wäre es zum Beispiel mit einem Eis der Marke »Hirnfrost« aus Koblenz? Die frischen Brötchen vom Bäcker im Dorf werden morgens sogar bis an die Parzelle gebracht. Und die jungen Platzbetreiber haben noch weitere Pläne in puncto Nachhaltigkeit. Urlauben mit reinem Gewissen, hier ist das noch möglich!
Der Platz befindet sich bei Braubach, nur zehn Kilometer außerhalb von Koblenz mit seiner schönen Altstadt. Gelegen am Zusammenfluss von Rhein und Mosel, kann Koblenz auf bewegte 2000 Jahre Stadtgeschichte zurückblicken. Eine Stadtführung lohnt sich also! Auch andere Sehenswürdigkeiten wie die Loreley oder die Festung Ehrenbreitstein sind schnell erreichbar. Direkt durch Braubach führt der Rheinsteig, ein anspruchsvoller Weitwanderweg.
Ein weiteres Highlight ist auf jeden Fall das Feuerwerk-Spektakel »Rhein in Flammen«, das vom Campingplatz aus zu sehen ist. Hierfür sollte man unbedingt vorher reservieren! Mit etwas Glück ergattert man einen Logenplatz in der ersten Reihe am Fluss. Wer sich nicht in Reih und Glied aufstellen möchte, für den gibt es die Möglichkeit, »wild« zu campen. Auf diesem Abschnitt des Platzes stehen Bäume und Sträucher kreuz und quer, und ebenso die Camper.

Green Camping am Rhein · Am Campingplatz 1 · 56338 Braubach
Tel. 0171/839 98 09 · campingamrhein.de · GPS: 50.275344, 7.638777

↑ Wildes Campen mit Blick auf die Marksburg
↓ In erster Reihe am Rheinufer stehen, Flussromantik pur

↑ Im Sommer wird vor der Herberge aufgetischt.
↓ Eine gemütliche Übernachtung gibt es nicht nur mit dem eigenen Wohnmobil.

53 Geschichten am Lagerfeuer

ZUNÄCHST HEISST ES: Von der Landstraße aus in einen kleinen Waldweg abbiegen, dann fahren, bis es nicht mehr weitergeht und aufpassen, denn die Zufahrt ist steil! Mitten im Wald, eingerahmt von einem Bach, befindet sich dann die Strotzbüscher Mühle. Hier in der Vulkaneifel kann man Naturcamping in seiner ursprünglichsten Form erleben. Stellplätze gibt es nicht, jeder darf sich seinen Lieblingsort selbst aussuchen. Egal, ob man den Schatten am Waldrand bevorzugt oder doch lieber jeden Sonnenstrahl mitten auf der Wiese mitnehmen möchte – hier schreibt einem niemand vor, wie der Camper zu stehen hat. Entspannte, rücksichtsvolle Gemeinschaft, das wird ebenfalls vorgelebt.

Da die Betreiber selbst begeisterte Wanderer sind, haben sie jede Menge Tipps und Routenvorschläge, um die abwechslungsreiche Landschaft zu erkunden. Außerdem gibt es kostenfreie Naturführungen, die im Natur- und Geopark Vulkaneifel angeboten werden. Der Geopark Vulkaneifel bietet nicht nur wunderschöne Natur, es gibt in den Infozentren und auf den ausgeschilderten Wanderungen auch Informationen zur bewegten geologischen Geschichte dieser Region. Zwar existieren hier keine aktiven Vulkane mehr, doch Wissenschaftler gehen davon aus, dass die Natur aktuell nur eine Ruhepause einlegt. Diese dauert jedoch schon einige Millionen Jahre an, es besteht also nicht die Gefahr eines Urlaubsabbruchs wegen eines spontanen Vulkanausbruchs.

Der Platz ist ganzjährig geöffnet und im Sommer vor allem bei Familien sehr beliebt. Es besteht auch die Möglichkeit, als Gruppe auf den Platz zu kommen. Individuelle Tagesprogramme bringen den Gruppen das Leben und Arbeiten in der Natur näher. Holz hacken, Feuer machen, Fische fangen und abends gemeinsam am Lagerfeuer den Tag Revue passieren lassen.

Strotzbüscher Mühle · Strotzbüscher Mühle 1 · 54552 Strotzbüsch
Tel. 06573/622 · strotzbüschermühle.de · GPS: 50.105878, 6.980116

54 Tritt ein ins Grüne

ZWISCHEN TRIER UND KOBLENZ schlängelt sich einer der wohl schönsten Flüsse Deutschlands durchs Land. Die Mosel ist mehr als ein Fluss, sie steht für eine ganze Region, in der Genuss und Kultur eine lange Tradition haben. Das älteste Weinanbaugebiet Deutschlands ist nicht nur bei Riesling-Fans bekannt, die Weinberge entlang des Flusses laden auch zum Wandern und Radfahren ein.
An einer der vielen Flussschleifen befindet sich der Campingplatz Trittenheim Im Grünen – direkt am Fluss gelegen, ruhig und doch mittendrin. Mit dem Städtchen Trittenheim im Rücken, kann man hier den Blick auf die Mosel und die gegenüberliegenden Weinberge genießen. Das passende Getränk zum Ausblick kommt selbstverständlich aus dem Ort, wo gleich mehrere Weingüter regionale Tropfen zur Verkostung anbieten. Auch Restaurants und weitere Einkaufsmöglichkeiten finden sich fußläufig vom Platz.
Auf der gegenüberliegenden Flussseite beginnt ein weit verzweigtes Netz von Wanderwegen durch die Weinberge. Definitiv den Aufstieg wert ist die Aussicht vom Panoramablick Leiwen. Von hier aus kann man die hufeisenförmige Schleife der Mosel rund um Trittenheim voll und ganz genießen. Im Sommer lockt das kleine Panoramabad Römische Weinstraße zu einem Sprung ins kühle Nass.
Der Umwelt zuliebe hat der Platz in Photovoltaik und eine Solaranlage investiert. Die Camper werden gebeten, keine Folien oder Teppiche auszulegen, um den Rasen zu schonen. Reservierungsanfragen sind ab fünf Übernachtungen möglich. Morgens muss keiner in den Ort laufen, der Bäckerwagen bringt ganz bequem frische Brötchen direkt auf den Platz. Der Platz hat von April bis Oktober geöffnet.

Campingplatz Trittenheim Im Grünen · Moselpromenade
54349 Trittenheim · Tel. 06507/2148 · camping-trittenheim.de
GPS: 49.820476, 6.903870

↑ In der eigenen Knutschkugel ist es doch am Schönsten.
↓ Mit Solar- und PV-Anlage ist der Platz gut gerüstet für die Zukunft.

↑ Die Nachbarn lernt man schnell kennen.
↓ Der Platz hat von Mai bis September geöffnet.

55 Outdoor-Glück im tiefen Wald

SOBALD DIE REISENDEN die Bundesstraße verlassen, beginnt das Abenteuer. Der geschotterte Anfahrtsweg führt immer tiefer hinein in den dichten Wald. Nach einem Kilometer ist es geschafft, nun muss nur noch das perfekte Plätzchen gefunden werden. Auf mehrere Lichtungen verteilt sich der kleine Outdoorcampingplatz Massingsmühle, hier kann sich jeder seinen Lieblingsstandort selbst aussuchen. Direkt unter den mächtigen Bäumen oder doch lieber mitten auf der Wiese?
Mitten in der Natur des Hunsrücks und direkt neben einem kleinen Gebirgsbach gibt es alles, was man sich als Outdoorfreund so wünschen kann. Wanderwege wie der Etgerter Rundweg oder der Hunsrückhöhenweg führen direkt am Platz vorbei. Etwas für Trittfeste ist die Hunolsteiner Klammtour, ein zehn Kilometer langer Rundweg, der durch die malerische Hölzbachklamm führt. Auch Mountainbiker können sich in dem hügeligen Gelände gut austoben und für die vierbeinigen Begleiter sind die Wälder ein Schnüffelparadies. Trotz der Abgeschiedenheit ist man in einer halben Stunde in Trier. Die älteste Stadt Deutschlands lockt mit einer schönen Altstadt und vielen Sehenswürdigkeiten.
Dank der umgebenden hohen Bäume bleibt es auf dem Platz auch in heißen Sommern angenehm kühl – sonst hilft der frische Bach gerne nach. Abends knistern die Flammen in der Feuerschale, da findet sich bestimmt schnell Anschluss zu den anderen Campern. Auf dem Platz geht es eher rustikal zu, Glamping-Angebote sucht man hier vergebens. Stattdessen ist Natur pur angesagt und abends kann man die herrliche Stille genießen, wenn der Wald zur Ruhe kommt.

Outdoorcampingplatz Massingsmühle · Massingsmühle · 54424 Etgert
Tel. 06504/305 · outdoorcampingplatz-im-hunsrueck.de
GPS: 49.785519, 7.033003

56 Frieden im Wald

DER FAMILIENGEFÜHRTE CAMPINGPLATZ Waldfrieden liegt inmitten von Bäumen und ist doch nah am Geschehen des Ortes Saarburg. Auf ca. sechs Hektar verteilen sich Parzellen für 100 Camper. Naturfreunde kommen hier ebenso auf ihre Kosten wie Sportler und Stadtausflügler.
Das Beste: Alles liegt hier nah beieinander und lässt sich wunderbar kombinieren. Eine Radtour an der Saar entlang oder eine Bootstour auf dem Wasser? Mittags einen Ausflug ins pittoreske Saarburg mit seinem Wasserfall mitten in der Stadt? Gleich eine Tagestour zur ältesten Stadt Deutschlands oder über die Grenze nach Luxemburg? Oder ein schöner Ausritt auf gutmütigen Islandpferden und ein Besuch der Sommerrodelbahn? Es gibt hier mehr Möglichkeiten, als die meisten Urlauber wahrnehmen können. Etwas Besonderes ist sicherlich ein Besuch im Greifvogelpark Saarburg. Im Sommerhalbjahr finden hier Flugvorführungen mit den majestätischen Tieren statt. Hunde sind im Vogelpark nicht gestattet, auch zu ihrer eigenen Sicherheit.
Plüschiger geht es da im platzeigenen Hasengehege zu, hier kann man den Hasen beim Spielen zuschauen. Leckeres Eis für die Kleinen und ein Fläschchen Wein für die Großen – schließlich befinden wir uns in einer Weinregion – gibt es im Kiosk ebenso wie frische Brötchen zum Frühstück. Das frisch renovierte Sanitärgebäude lässt keine Wünsche offen und auf die geräumigen Stellplätze passen auch »dickere Brummer«. Der Platz wird von den neuen Besitzern ständig weiter verbessert, so wurden bereits Stromnetz und Wasserleitungen komplett erneuert. Hier kann man fast das ganze Jahr campen, auf den befestigten Stellplätzen lässt es sich auch in der kälteren Jahreszeit gut aushalten.

Camping Waldfrieden · Im Fichtenhain 4 · 54439 Saarburg
Tel. 0177/3191867 · campingwaldfrieden.de · GPS: 49.601173, 6.526652

↑ Hier darf jeder sein, wie er ist.
↓ Klein und überschaubar liegt der Platz umgeben von Feldern und Wald.

↑ Stilecht campen wie im wilden Westen

↓ Viel Platz und eine tolle Aussicht verspricht ein Urlaub im Hunsrück.

57 Grün oben, Glitzer unten

DER NATIONALPARK HUNSRÜCK-HOCHWALD ist geprägt von urigen Wäldern und erstreckt sich auf einer Fläche von 10 000 Hektar über die Hochlagen des Hunsrücks. Rau und wild kommt die Landschaft daher, vor allem im Vergleich mit den nahen Weinanbaugebieten entlang der Mosel.

Mittendrin und mit bester Sicht auf den Nationalpark liegt der Wohnmobilstellplatz Höhenblick. Wie der Name schon sagt, steht hier der Ausblick auf die bewaldeten Hänge und ins umliegende Tal im Vordergrund. Daher sind die Stellplätze auch terrassiert angelegt, sodass jeder den Rundumblick genießen kann.

Wer bei diesem Ausblick schon die Wanderschuhe schnürt, kann direkt vom Platz aus starten. Von den Betreibern mit hilfreichen Tipps versorgt, wird die Gegend auf eigene Faust erkundet. Das weitläufige Wandergebiet des Nationalparks lässt sich auch auf kostenlosen geführten Touren entdecken. Angeleitet von Rangern, sieht man so einiges, was einem sonst verborgen geblieben wäre.

Die glitzernde Welt der Edelsteine kann man bei einem Besuch der Edelsteinmine Steinkaulenberg entdecken, hier darf man sogar selbst schürfen! Sie ist die einzige Edelsteinmine Europas, die zu besichtigen ist.

Eine ganz andere Welt erwartet die Gäste auf dem Stellplatz. Wie im wilden Westen geht es hier zu, zumindest optisch. Rezeption, Grillhütte und Camper-Saloon versprühen einen rustikalen Charme und sind liebevoll dekoriert. In der Grillhütte wird ebenfalls regelmäßig angeschürt, dann gibt es traditionellen Spießbraten für alle. Ein Tipp für den Nachtisch: Direkt vor dem Platz steht ein Eisautomat der örtlichen Eisdiele!

Wohnmobilstellplatz Höhenblick · Sonnenberger Straße
55767 Oberbrombach · Tel: 06787/735
wohnmobilstellplatz-höhenblick.de · GPS: 49.694796, 7.259638

58 Vom Glück des Waldbadens

DAS GRÖSSTE ZUSAMMENHÄNGENDE WALDGEBIET Deutschlands ist der Pfälzerwald. Schier unendliche Mischwälder erstrecken sich bis nach Frankreich hinein. Seit 1992 ist das Gebiet ein UNESCO-Biosphärenreservat. Am nordwestlichen Eingang zum Pfälzer Wald hat das idyllische Naturresort Waldglück seine Tore geöffnet. Auf dem großen Gelände am Waldrand hat man die Wahl: hoch in die Baumkronen gucken, den Blick von einem der Terrassenplätze aus genießen oder doch lieber direkt am Badesee die Enten betrachten? In Letzterem dürfen natürlich nicht nur die Enten baden, auch die Gäste können sich mit einem Sprung ins kühle Nass abkühlen.

Auf der einen Seite des Platzes beginnt mit dem Pfälzerwald ein Dorado für Naturfreunde. Wanderer ebenso wie Kletterer, Reiter und Radfahrer kommen hier voll auf ihre Kosten. Es gibt sogar mehrere Geocaching-Touren, die eine spannende Schnitzeljagd durch das Biosphärenreservat versprechen. Orientiert man sich in die andere Richtung, so wartet das Pfälzer Weinland darauf, erkundet zu werden. Auf ihrer Website haben die Betreiber viele tolle Ausflugstipps zusammengestellt, sodass auch ein längerer Aufenthalt bestimmt nicht langweilig wird.

Die beste Kombination aus Augenweide und Gaumenfreude ist immer noch ein gemütlicher Sitzplatz am Weiher mit einem Gläschen Wein in der Hand. Diesen gibt es direkt am Platz, das kleine Waldcafé hält eine Auswahl der besten regionalen Tropfen bereit. Selbstgemachte Kuchen gibt es noch dazu, was will man mehr? Wie wäre es mit einem leckeren Abendessen im neu eröffneten Landgasthof Waldglück? Satt und zufrieden verbringt man dann eine ruhige und erholsame Nacht in der Umarmung des Waldes.

Naturresort Waldglück · Pfrimmerhof 3 · 67729 Sippersfeld
Tel. 06357/975380 · naturresort-waldglueck.de
GPS: 49.551813, 7.962526

↑ Das Waldcafé mit leckeren Kuchen liegt direkt am kleinen Weiher.
↓ Mitten im Pfälzerwald ist der Campingplatz ganzjährig geöffnet.

↑ Die Camper stehen hier auf gepflegten Wiesenplätzen.
↓ Rund um den Platz erheben sich die bewaldeten Hänge.

59 Pfälzer Burgherren-Geschichten

INMITTEN VON WÄLDERN, außerhalb des Örtchens Erlenbach, liegt der Naturcampingplatz »Am Berwartstein«. Auf großzügigen und gepflegten Rasenflächen, ausgestattet mit Wasser und Strom am Platz, warten hier von März bis Oktober Ruhe und Natur auf die Besucher. In Sichtweite des Platzes thront die namensgebende Burg Berwartstein. Ein Besuch der mittelalterlichen Ritterburg gehört zum Pflichtprogramm, ist sie doch vom Platz aus zu Fuß in wenigen Minuten zu erreichen. Im 15. Jahrhundert lebte hier Hans Trapp, Heerführer der kurpfälzischen Streitkräfte. Er baute die bereits im 12. Jahrhundert angelegte Burg weiter aus und errichtete den heute noch zu besichtigenden Wehrturm »Klein-Frankreich«. Bei einer Führung durch das trutzige Gemäuer erfährt man auch, warum der ehemalige Burgherr bei den Menschen der Umgebung alles andere als beliebt war.

Wem der Anstieg zur Burg noch nicht genug war, der kann direkt von hier aus weiterwandern – bis ins ca. zehn Kilometer entfernte Frankreich. Möglich ist das zum Beispiel über den Premiumwanderweg »Felsenland-Sagenweg«, der bis an die Grenze führt. In die andere Richtung führt der »Pfälzer Waldpfad« bis nach Kaiserslautern. Waldbaden der besonderen Art kann man im 20 Autominuten entfernten Baumwipfelpfad in Fischbach bei Dahn. Mit Aussichtsturm, Rutsche und mehreren kniffligen Wackelbrücken und Spielstationen ist er ein Abenteuer für die ganze Familie.

Im Sommer springt man zur Abkühlung in den Naturbadesee »Seehof«, der nur wenige Minuten zu Fuß vom Campingplatz entfernt liegt. Dort gibt es auch einen kleinen Kiosk mit warmen Snacks. Am Platz selbst sorgt die Gaststätte »Sportheim« an einigen Tagen in der Woche für kulinarische Abwechslung.

Naturcampingplatz »Am Berwartstein« · Im Laichfeld 1
76891 Erlenbach bei Dahn · Tel. 0173/684 45 32
naturcampingplatz-berwartstein.de · GPS: 49.102565, 7.864266

60 Grenzenlose Möglichkeiten

IM SAARLAND IST ALLES EIN BISSCHEN KLEINER, zumindest wird das Bundesland immer wieder gerne für Größenvergleiche à la »Guck mal, wie klein das ist« herangezogen. Klein und schnuckelig ist auch das LandGut Girtenmühle. Sogar in der Hauptsaison geht es hier eher gemütlich zu. An der Grenze zu Rheinland-Pfalz gelegen, gibt es hier vor allem viele Bäume und Wiesen. Nachts hört man eigentlich nur das leise Rauschen des kleinen Bachs, der sich am Platz entlangschlängelt. Vielleicht noch das Schnauben der Pferde im benachbarten Reitstall – das war's.

Auf dem Platz selbst gibt es keinen Kiosk, die nächsten Einkaufsmöglichkeiten befinden sich im sechs Kilometer entfernten Losheim am See. Da lässt sich der Einkauf gut mit einem Fahrradausflug verbinden. Auf dem Weg noch in den Stausee, mit Strandbad, springen – herrlich! Für Städtetrips ist der Platz ebenfalls ein guter Ausgangspunkt: In jeweils einer Stunde ist man bereits in der Landeshauptstadt Saarbrücken oder in Luxemburg. Für einen Besuch im Nachbarland kann das Wohnmobil auf einem der kostenlosen P&R-Plätze stehen. Dann wird mit dem ebenfalls kostenlosen ÖPNV die Stadt mit ihren Sehenswürdigkeiten erobert.

Die Plätze sind frei wählbar, bei größeren Wohnmobilen sollte vorher angefragt werden, denn Zufahrt und Wege sind recht eng. Viele Bäume spenden Schatten und die Plätze direkt am Bach sind natürlich heiß begehrt. Feste Parzellen gibt es nicht, jeder kann seinen Platz selbst aussuchen. Am Wochenende gibt es in der Bar auf dem Platz Live-Musik und Cocktails. Oder man macht seine eigene Grillfeier, Feuerschalen können an der Rezeption ausgeliehen werden. Außer auf den Stellplätzen gibt es Übernachtungsmöglichkeiten in einer finnischen Hütte – einer Kota –, in Weinfässern oder Glamping-Zelten.

LandGut Girtenmühle · Girtenmühle 1 · 66679 Losheim-Britten
Tel.06872/4089581 · landgutgirtenmuehle.de · GPS: 49.532529, 6.688810

↑ Glamping auf der blühenden Wiese, auch das ist hier möglich.
↓ Abends gibt es Lagerfeuerromantik und Stockbrot.

Schlaffässer und Tiny Houses sind die neuesten Trends auf dem Campingplatz.

Süd-
deutschland

↑ Die Altstadt ist noch komplett von einer Stadtmauer umschlossen.
↓ Abkühlung im Naturschwimmteich am Platz

61 Zeitreise in die fränkische Vergangenheit

HIER IN SESSLACH bei Coburg ist die Zeit stehen geblieben. Wer das Städtchen durch eines der drei mächtigen Tore betritt, fühlt sich direkt ins Mittelalter zurückversetzt. Komplett umgeben von der historischen Stadtmauer, wird hier die Vergangenheit lebendig – und das nicht nur bei einer der Stadtführungen, die im Sommerhalbjahr jeden Sonntag stattfinden. Die Stadt mit ihren schmucken Fachwerkhäusern lässt sich übrigens am besten am Wochenende bestaunen. Dann werden die Stadttore nämlich geschlossen, Autos vom Kopfsteinpflaster innerhalb der Stadtmauern verbannt und die Innenstadt gehört allein den Fußgängern. Eine kulinarische Besonderheit: Seßlach besitzt ein Kommunbrauhaus. Mit der Verleihung der Stadtrechte im Jahr 1335 wurde der Stadt auch das Braurecht zuerkannt. Seitdem braut ein Angestellter der Stadt das sogenannte Kommunbräu, das von lokalen Gasthöfen und Privatleuten im Brauhaus abgeholt werden kann.

Außerhalb der Stadtmauern, in Laufnähe zur Altstadt, liegt der kleine, aber feine Campingplatz Sonnland. Die gepflegten Stellplätze sind terrassiert angelegt, es gibt eine Ver- und Entsorgung sowie Strom an jedem Platz. Ein Highlight ist definitiv der schön angelegte Naturschwimmteich. Er wird aus dem eigenen Brunnen gespeist und durch eine Begrünung mit Wasserpflanzen chemiefrei gereinigt. Rund um den Teich laden Sitzmöglichkeiten und Liegen zum Verweilen ein. Während des Aufenthalts darf das WoMo stehen bleiben, Einkaufsmöglichkeiten sind fußläufig zu erreichen. Die nähere Umgebung bietet vielseitige Möglichkeiten zum Radfahren und Wandern. So führt zum Beispiel ein Rundweg durch den Bürgerwald auf einer Strecke von 12 km einmal um Sesslach herum. Hierbei stößt man immer wieder auf die »Marterln«, religiöse Flurdenkmäler wie Kreuz- und Sühnesteine.

Camping Sonnland · Bahnhofstr. 154 · 96145 Seßlach · Tel.09569/220
camping-sonnland.de · GPS: 50.194347, 10.838361

62 Kunst im Land des Frankenweins

AM SÜDLICHEN ZIPFEL des weitläufigen Biosphärenreservats Rhön wurde ein kleiner Naturcampingplatz kürzlich wieder wachgeküsst. Von den frisch angelegten Terrassenplätzen aus hat man einen herrlichen Blick über die sanften Hügel der Umgebung – inklusive romantischem Sonnenuntergang. Neben einer Zelt- und Bulliwiese gibt es einen weiteren Abschnitt im unteren Bereich, auf dem sich die Camper dorthin stellen können, wo es ihnen am besten gefällt. Eine ungewöhnliche Übernachtungsmöglichkeit bietet das Dachzeltdorf, das ebenfalls zum Campingplatz gehört. Schlafen in luftiger Höhe, das ist für bodenständige Wohnmobilisten eine neue Erfahrung.

Wasserbegeisterte stellen schnell fest: Hier sind wir richtig! Im kleinen See neben dem Camp kann man sich beim Wakeboarden austoben. Wer dabei noch nicht genug Wasser geschluckt hat, der findet an der nahegelegenen Thulba die Möglichkeit, sich an heißen Sommertagen zu erfrischen.

Für Wanderfreunde und ambitionierte Radler gibt es von hier aus viele Gelegenheiten, die schöne Rhön zu erkunden. Vom Panoramaweg Thulba aus lohnt sich ein Abstecher zu den geheimnisvollen Figuren eines unbekannten Künstlers, die vor einigen Jahren plötzlich am Wegrand auftauchten. Wer miträtseln will, woher die Figuren kommen, lässt sich am besten vor Ort den Weg beschreiben.

Hier im fränkischen Weinland darf eine leckere Kostprobe desselben nicht fehlen! Weine und andere regionale Köstlichkeiten führt der Campladen auf dem Platz, dort gibt es morgens auch Kaffee und Brötchen. Für kleine Einkäufe reicht ein kurzer Spaziergang in das Örtchen Thulba. Der Platz hat von April bis Oktober geöffnet. In den Ferien ist eine vorherige Reservierung sinnvoll.

Naturcamp Thulba · Untere Au 3 · 97723 Oberthulba · Tel. 0151/26 85 53 70
naturcamp-thulba.de · GPS: 50.172913, 9.925363

Die neuen Stellplätze sind terrassiert und eben angelegt.

63 Flussromantik und Weingenuss

GROSSE TEILE DES FRÄNKISCHEN WEINBAUGEBIETS liegen am Main. Die geschützte Lage am Fluss mit den milden Temperaturen kommt natürlich nicht nur den Weinpflanzen, sondern auch den Urlaubern zugute. Darüber hinaus gibt es viele historische Städte und Freizeitmöglichkeiten entlang des majestätischen Flusses. Direkt am Ufer des Mains, auf halber Strecke seines Weges zwischen Würzburg und Frankfurt, liegt der kleine Campingplatz am Leinritt. Der ungewöhnliche Name stammt aus früheren Zeiten. Um die Lastenkähne stromaufwärts zu bewegen, wurden sie mit Seilen vom Ufer aus gezogen, meist von Pferden. Der Pfad der Tiere, andernorts als Treidelpfad bekannt, heißt in dieser Gegend »Leinritt«. Heute ist das natürlich Vergangenheit und die Schiffe auf dem

Ein Plätzchen am Ufer ist doch am schönsten.

Main sind längst motorisiert. Am Main entlang führen nur noch Rad- und Wanderwege. Allen voran der 600 Kilometer lange Main-Radweg, dessen Route direkt am Platz vorbeiführt. Wer lieber auf Schusters Rappen unterwegs ist, den zieht es in die umliegenden Weinberge. Die Aussicht auf selbige lässt sich auch einfach vom Lieblingsplatz vor dem eigenen Wohnmobil aus genießen. Mit dem langsam dahinfließenden Main im Vordergrund ist der hektische Alltag schnell vergessen.
Auf begrünten Stellflächen kann man hier mit uneingeschränktem Blick auf die Weinberge direkt am Flussufer stehen. Sichere Schwimmer können einen Sprung in den Fluss wagen, einen Badestrand gibt es nicht. Ein Imbiss befindet sich am Platz und dank seiner stadtnahen Lage haben die Gäste die freie Wahl zwischen vielen Restaurants und Heckenwirtschaften in Laufnähe.

Camping am Leinritt · Mainstraße 16 · 63920 Großheubach
Tel. 0151/64 05 68 86 · camping-am-leinritt.de · GPS: 49.725771, 9.219265

Eine große Wiese zur freien Entfaltung und entspanntem Schiffe-Gucken.

64 Genuss und Romantik

DIE MAIN-TAUBER-FRANKEN REGION im Norden Bayerns ist bekannt für ihren guten Wein und die vielen schönen Städtchen entlang der Romantischen Straße. Mittendrin, zwischen Würzburg und Rothenburg ob der Tauber, liegt ein kleiner paradiesischer Platz. Das Camping-Paradies Franken ist der ideale Rückzugsort für alle, die dem Alltag einmal den Rücken kehren wollen. Umgeben von Feldern steht man hier ganz ruhig und gemütlich auf Wiesenplätzen zwischen Obstbäumen.
Die ländliche Umgebung lässt sich am besten zu Fuß oder mit dem Rad erkunden, die Wege dazu starten direkt am Platz. Von der Betreiberfamilie mit Tipps und Infos gut versorgt, kann die Tour beginnen. Wie wäre es mit einem Rad- und Sightseeing-Trip ins 20 Kilometer entfernte Rothenburg ob der Tauber? Der bezaubernde Ort mit der historischen Altstadt und den kleinen Läden ist ein wahrer Touristenmagnet. Doch auch die kleinen Dörfer in der näheren Umgebung sind einen Ausflug wert, zumal an jeder Ecke ein Weingut zur Einkehr lockt. Mit einer Stärkung zwischendurch darf es dann auch mal eine längere Tour durch die Region werden.
Regional und nachhaltig, das ist das Konzept dieses familiengeführten Camping-Paradieses. Der Platz liegt im Vogelschutzgebiet und leistet einen aktiven Beitrag zum Artenschutz. So wurden zur Förderung der Artenvielfalt neben den Obstbäumen auch Büsche und Hecken als Rückzugsorte für Tiere gepflanzt. Der LEREKÜ, also der Lebensmittel-Rettungs-Kühlschrank, ist ein Zeichen gegen Verschwendung, aus dem sich die Gäste gerne bedienen dürfen.
Regionale Leckereien gibt es an der Rezeption und von April bis Oktober im platzeigenen Restaurant mit Biergarten. Die Anlage ist ganzjährig geöffnet.

Camping-Paradies Franken · Walkershofen 40 · 97215 Simmershofen
Tel. 09848/96 96 33 · camping-paradies-franken.de
GPS: 49.522776, 10.123321

↑ Neben Stellplätzen gibt es hier auch Schlaffässer zum Übernachten.
↓ Den Sonnenuntergang mit einem Gläschen Wein in der Hand genießen

↑ Der Wartturm in Neunburg vorm Wald

↓ Auf rund 90 Stellplätzen gibt es hier Entspannung pur.

65 Rund ums Jahr Natur

IM HERZEN DER OBERPFALZ liegt der malerische Eixendorfer Stausee. An dessen Ufer hat sich der kleine Campingplatz »Haus Seeblick« eingerichtet, der das ganze Jahr über Naturfreunde und Stressgeplagte einlädt. In der friedlichen Natur mit Blick auf den See kommt das Gemüt zur Ruhe und die Gäste lassen den Alltag hinter sich. Der Platz ist terrassenförmig angelegt, so eröffnet sich die herrliche Aussicht auf den Stausee nicht nur in der ersten Reihe.

Und, hat schon einer angebissen? Für Angler ist der Stausee ein Paradies, dank eines reichen Bestands an Raubfischen wie Hecht oder Zander. Doch keine Sorge, auch Schwimmer können sich im Wasser vergnügen, ohne angeknabbert zu werden. Für Kinder gibt es auch einen Fisch – auf dem Abenteuerspielplatz Gütenland wartet der große hölzerne »Eixi« auf kleine Besucher. In der kalten Jahreszeit genießt man den See und die Natur lieber im Trockenen. Eine Runde um den langgestreckten See ist mehr als nur ein Spaziergang – doch es gibt eine Abkürzung über die Brücke. In der Nähe des Platzes führt außerdem der Qualitätswanderweg Goldsteig unter anderem durch das märchenhafte Murnthal, ein vom Flüsschen Schwarzach geschaffenes Naturschauspiel. Wenn man ein Rad dabeihat, umso besser: Der Platz eignet sich hervorragend als Ausgangspunkt für ausgedehnte Radtouren.

Zum Einkaufen muss man sich ebenfalls aufs Rad schwingen oder das Auto nehmen, um ins wenige Kilometer entfernte Neunburg vorm Wald zu fahren. Wer etwas mehr Trubel möchte, kann ins ca. eine Stunde entfernte Regensburg fahren. Oder wie wäre es mit einem Ausflug ins benachbarte Tschechien? Bereits nach einer halben Stunde ist die Grenze erreicht.

Camping Haus Seeblick · Gütenland 16 · 92431 Neunburg vorm Wald
Tel. 09672/612 · camping-haus-seeblick.de · GPS: 49.336805, 12.441801

66 Klein aber oho!

RUHESUCHENDE SIND HIER GENAU RICHTIG. Die Oberpfalz ist vielleicht (noch!) ein etwas unterschätztes Ausflugsziel, doch immer eine Reise wert. Am Ortstrand des Erholungsorts Bodenwöhr im Naturpark Vorderer Bayerischer Wald liegt der idyllische Campingplatz Weichselbrunn. Direkt am Hammersee finden Urlauber auf dem familiengeführten kleinen Platz alles, was einen entspannten Natururlaub ausmacht.

Vor allem der warme See zieht einen gleich nach der Ankunft wie magisch an. Der Platz liegt am Steilufer, der Einstieg ins Wasser ist über eine breite Treppe auf sandigem Boden möglich. Schon kann es losgehen – ob Schwimmrunde, Fahrt mit dem SUP oder noch mehr Action auf dem großen Trampolin im Wasser. Wanderungen bieten sich ebenfalls an. Das Gelände hier ist eben, so sind lange Spaziergänge mit der Familie kein Problem und der Uferrundweg ist auch mit Kinderwagen gut zu bewältigen. Wie wäre es mit einer entspannten Morgenrunde am stillen See, in dem sich die ersten Sonnenstrahlen spiegeln?

Die Fahrräder dürfen ebenfalls mal raus! Die Urlauber profitieren von Radwegen, die auf ehemaligen Bahntrassen errichtet wurden und somit wenig Steigung beinhalten. Ein Tipp ist hier die Strecke nach Neunburg und bis zum Eixendorfer Stausee. Wer kein Fahrrad dabeihat, kann sich auf dem Platz E-Bikes ausleihen.

Nicht nur naturnah, auch ökologisch Urlauben ist hier die Devise. Bei allen Aspekten des Betriebs wurde die Nachhaltigkeit mitbedacht. Von der eigenen Energieversorgung über die neuen Duschen bis zum Akku-Rasenmäher wird hier Umweltschutz gelebt. Dafür gibt es zu Recht nicht nur von den zufriedenen Gästen immer wieder Lob und Auszeichnungen. Der Platz ist von Ostern bis Oktober geöffnet.

Camping Weichselbrunn · Ludwigsheide 50 · 92439 Bodenwöhr
Tel. 09434/90070 · campingweichselbrunn.de · GPS: 49.27688, 12.30004

↑ Einfach reinspringen oder eine Runde mit dem Boot drehen
↓ Ruhig und idyllisch schmiegt sich der Campingplatz an den Hammersee.

↑ Beide Abschnitte des Platzes sind grün und gepflegt.
↓ Jedem Camper sein eigenes kleines Reich

67 Bayerisches Inselglück

ZWISCHEN REGENSBURG UND INGOLSTADT, direkt am Donauradweg, liegt der kleine Campingplatz Felbermühle. Früher eine Getreidemühle, werden auf dem familiengeführten und ökologisch betriebenen Platz seit knapp 40 Jahren Camper empfangen. Das Areal umfasst 66 Stellplätze und ist durch ein kleines Flüsschen in zwei Abschnitte geteilt. Der größere Teil ist komplett von Wasser umgeben und durch eine kleine Brücke mit dem »Festland« verbunden. Auf dem zweiten Abschnitt gibt es ebenfalls Stellplätze direkt am Wasser, hier sind auch Hunde erlaubt – auf der Insel sind die Vierbeiner ansonsten nicht erlaubt. Das moderne Sanitärgebäude ist von beiden Teilen des Platzes gut erreichbar.

An der Verbindungsstraße zwischen Neustadt an der Donau und Bad Gögging gelegen, gibt es hier jede Menge Freizeitmöglichkeiten. Dank gut ausgebauter Fahrradwege lohnen sich Ausflüge in die Umgebung. Am Donauradweg entlang ist es nur ein kurzes Stück bis zum alten Römerkastell Abusina. Der Zugang zum Gelände mit einigen erklärenden Schautafeln ist kostenlos. Wer noch Kraft in den Beinen hat, kann weiter die Donau entlangradeln und erreicht nach einer knappen Stunde den Donaudurchbruch und das berühmte Kloster Weltenburg. Gegen Muskelkater am nächsten Tag hilft ein Abstecher in die Limes-Therme in Bad Gögging, sie ist 1,5 Kilometer vom Platz entfernt. Hier gibt es nicht nur ein Thermalbad, sondern auch – thematisch zum Ausflug passend – eine Saunalandschaft im Stil der Römer.

Zurück auf dem Platz kann man die Füße im Wasser des Flüsschens Abens abkühlen. Wer im Camper kochen möchte, kann sich aus dem platzeigenen Kräutergarten bedienen. Brötchen und Getränke gibt es an der Rezeption.

Campingplatz Felbermühle · Felbermühle 1 · 93333 Neustadt an der Donau
Tel. 09445/516 · campingfelbermuehl.wixsite.com
GPS: 48.817491, 11.770630

68 Urlaub unter Naturschutz

VERKEHRSGÜNSTIG UND DOCH RUHIG, nahe der österreichischen Grenze, liegt der Campingplatz Seebauer. Hier im Naturschutzgebiet am Leitgeringer See kann man es sich auf der grünen Wiese unter Bäumen mit Blick aufs Wasser gemütlich machen. Der Naturbadesee lädt nicht nur zum Schwimmen am Badestrand ein, es besteht auch die Möglichkeit, SUPs beim Platz auszuleihen. Ein schöner Spaziergang von zweieinhalb Kilometern führt einmal um den See herum. Natürlich kann man sich auch einfach nur auf eine Bank am Ufer setzen und sich von der Ruhe des klaren Wassers anstecken lassen. Mit dem, ebenfalls leihbaren, E-Bike ist man schnell im fünf Kilometer entfernten oberbayerischen Tittmoning, dort gibt es die nächste Einkaufsmöglichkeit. Dank motorisierter Unterstützung radelt es sich gleich viel einfacher durch die bergige Voralpenlandschaft. Da kann es gleich weitergehen, denn der Platz liegt an mehreren regionalen Radwegen, die es zu erkunden gilt. Für touristische Ausflüge ist die Lage des Platzes optimal. Salzburg, 40 Kilometer entfernt, und München, 100 Kilometer entfernt, bieten sich als Tagesausflüge an. Oder wie wäre es mit einer Fahrt über den berühmten Chiemsee? In einer Stunde ist man bereits in Prien am Chiemsee, dem Startpunkt für Bootstouren nach Herrenchiemsee und zur Fraueninsel. Hier lohnt sich übrigens ein früher Start in den Tag, denn gerade in der Hauptsaison ist auf den Inseln eine Menge los.

Samstags wird auf dem Platz der große Kugelgrill eingeheizt. Beim geselligen Stockbrot- oder Würstchengrillen direkt am Seeufer kann man den Tag gemeinsam mit den anderen Campern ausklingen lassen. Ein Brötchenservice gehört ebenso zum Platz wie ein Aufenthaltsraum mit Flipper, Kicker und Büchern zum Ausleihen.

Camping Seebauer · Furth 9 · 84529 Tittmoning · Tel. 08683/1216
camping-seebauer.de · GPS: 48.072856, 12.739477

↑ Auch Hunde sind auf dem Platz willkommen.

↓ Auf dem großen Gelände gibt es sowohl Schatten- als auch Sonnenplätze.

↑ Lieber in der Sonne oder im Schatten? Das kann man sich hier aussuchen.
↓ Der familiengeführte Platz bietet rund 50 Campern ein Zuhause auf Zeit.

69 Campen wie Ihre Majestät

AUF EINEM KLEINEN PLATZ mit großen Bäumen, nah an der österreichischen Grenze, findet man den Naturcampingplatz des Franz Josef's Landresort. Wie der mondäne Name schon vermuten lässt, ist der Campingplatz Teil eines größeren, im Entstehen begriffenen Gesamtkonzepts. Auf elf Hektar wird hier ein ganzes Chalet-Dorf entstehen, mit schicken Blockhäusern und einer Tiny-House-Siedlung. Auf dem Campingplatz steht man auf Wiesenflächen und der Blick nach oben in die Kronen der alten Bäume sorgt gleich für eine entspannte Ruhe – tief durchatmen und im Urlaub ankommen!

Rund um den Platz gibt es tausendundeine Möglichkeit, die oberbayerische Natur zu genießen. Eine Fahrradtour entlang der Donau oder mit dem Mountainbike ab in die Berge? Einen der unzähligen Wanderwege entlanglaufen und fantastische Aussichten genießen? Die Gäste haben die Wahl zwischen sportlichem Ausflug und einfach nur Seele baumeln lassen.

Hier, direkt an der österreichischen Grenze, muss der Reisepass heutzutage nicht mehr ins Wandergepäck. Doch es gab auch andere Zeiten und die alten Schmugglerrouten sind heute eine interessante Variante zum »normalen« Grenzübertritt. Infos dazu gibt es bei der Touristeninformation Untergriesbach. Im Winter wirbt die Gemeinde mit bestens präparierten Loipen und Winterwanderwegen.

Das Landresort hat eine eigene App, in der alle wichtigen Informationen rund um den Aufenthalt und die Sehenswürdigkeiten des Bayerischen Walds gebündelt sind. Superpraktisch: Auch die Bestellung der Frühstücksbrötchen oder die Tischreservierung für den dazugehörigen Landgasthof mit typisch bayerischer Küche geht ganz bequem per App.

Franz Josef's Landresort · Mitterweg 11 · 94107 Untergriesbach
Tel. 08593/93300 · franz-josefs.de · GPS: 48.53612, 13.72864

70 Einsame Flussromantik

ABGESCHIEDEN IM NATURSCHUTZGEBIET Obere Ilz liegt das Gasthaus Schrottenbaummühle mit eigenem Campingplatz. Auf einer Insel im Flüsschen Ilz dürfen im Sommer die Zelte aufgeschlagen werden. Für Wohnmobile und Caravans gibt es Stellplätze auf der Wiese am Ufer, mehr Flussromantik geht nicht! Das Angebot richtet sich an Naturfreunde und Ruhesuchende, Animation und Party gibt es hier nicht. Dafür plätschert der Fluss direkt am Wohnmobil vorbei und die Wälder in der Umgebung laden zum Wandern und Erkunden ein.

Direkt am Haus beginnen die Rundwanderwege, die durch das Ilztal führen. Für die Abkühlung zwischendurch einfach die Füße ins Wasser halten – und weiter geht's. Auf ebener Strecke durch das

Das Gasthaus bietet gutbürgerliche Küche.

Tal oder doch lieber in das hügelige Umland, hier hat man die freie Auswahl. Gleich zwei Flüsse verbindet die Ohe- und Ilztal-Wanderung, die einen ganzen Tag in Anspruch nimmt und ebenfalls am Platz vorbeiführt. Gleich mehrere ehemalige Mühlen liegen auf dem Weg, heute hat sich die Natur diese Gegend zurückerobert. Das Ilztal ist deshalb ein hervorragender Ort, um Flora und Fauna zu beobachten, sogar seltene Feuersalamander gibt es hier.
Auch die Schrottenbaummühle hat sich dem Naturschutz verschrieben. So produziert dort, wo vorher Wasserräder Mühlsteine antrieben, nun das eigene Wasserkraftwerk reinen Ökostrom. Für die Stärkung nach einem Tag in der Natur sorgt die gutbürgerliche Küche des Gasthauses, besonders die Forellen sind sehr beliebt. Der voll ausgestattete Platz hat von März bis Oktober geöffnet.

Campingplatz Schrottenbaummühle · Schrottenbaummühle 1
94142 Fürsteneck · Tel. 08504/17 39 · schrottenbaummuehle.de
GPS: 48.734297, 13.436988

Auf dem kleinen Platz kommt man schnell mit den Nachbarn ins Gespräch.

↑ Die Bäume müssen noch etwas wachsen, bis dahin gibt es Sonne satt.
↓ Der Platz hat von März bis Oktober geöffnet.

71 Unter der Allgäuer Sonne

ZIEMLICH GENAU ZWISCHEN München und dem Bodensee, am Ortsrand von Ottobeuren gibt es einen wunderbaren Ort für Sonnenanbeter. Die herrliche Landschaft des Allgäus bietet hier die perfekte Kulisse für einen entspannten Urlaub. Auf dem noch recht neuen Campingplatz Ottobeuren, müssen die Schattenspender erst noch wachsen. Dafür gibt es einen weiten Blick und Sonne satt. Wem es doch einmal zu viel des Guten werden sollte, der setzt sich einfach unters Vorzelt – dessen Aufbau ist bei den großen Stellplätzen kein Problem. Auf befestigtem Schotterrasen steht man hier wirklich ideal: ruhig, umgeben von Feldern und in Waldnähe, aber dennoch zentral, denn die süße Altstadt von Ottobeuren mit ihren vielen gastronomischen und kulturellen Angeboten ist nur wenige Minuten entfernt.

Direkt neben dem Platz gibt es einen kleinen Adventure Golf Park, auf dem große und kleine Golfer verschiedene Parcours bewältigen müssen. Die einzelnen Stationen sind dabei thematisch auf das Allgäu abgestimmt. Das macht direkt Lust auf mehr – also auf geht's, die Region erleben! Ins historische Memmingen gelangt man entlang des Allgäu-Radwegs, der auf einem knapp 500 Kilometer langen Rundweg rund ums Allgäu verläuft. Zu einer steinzeitlichen Besonderheit führt eine ca. 1,5-stündige Wanderung: Die »geologischen Orgeln« sind vor Urzeiten durch röhrenförmige Auswaschungen der Felsen entstanden, die nun von unten aussehen, als wären Orgelpfeifen aneinandergereiht. Dass man bei starkem Wind die Orgeln hören kann, ist aber wohl eher Wunschdenken. Zurück auf dem Platz genießt man die letzten Sonnenstrahlen am besten gemütlich vor dem Wohnmobil. Die Brötchen zum Frühstück sind schon bestellt und morgen wartet wieder das schöne Allgäu!

Camping Ottobeuren · Hawanger Str. 20 · 87724 Ottobeuren
Tel. 08332/925 66 20 · camping-ottobeuren.de
GPS: 47.951341, 10.286884

72 Erholung mit Tradition

AUFWACHEN ZUM GLOCKENGELÄUT der Kühe, der Blick schweift über sanfte Wiesen und baumbewachsene Hänge: An diesem Ort ist die Tradition noch lebendig. Seit über 50 Jahren empfängt hier im Allgäu der kleine Campingplatz Aach seine Gäste. Bereits in der dritten Generation führt die Betreiberfamilie diesen natürlich gewachsenen Platz. Vieles hat sich in der Zeit verändert, einiges ist gleichgeblieben. Auf Gastfreundschaft und ein gutes Miteinander auf dem Platz wird hier seit jeher geachtet. Neue Annehmlichkeiten wie ein Glasfaseranschluss und stabiles WLAN, immer noch nicht selbstverständlich auf deutschen Campingplätzen, haben allerdings Einzug gehalten.

Die Umgebung der Anlage lädt ein zum Sporteln. Vom ganzjährig geöffneten Platz aus kann man sich die Gegend im Sommer erwandern oder mit dem Fahrrad erfahren. Wie wäre es zum Beispiel mit einem Spaziergang zum Krebs-Wasserfall? Gut 30 Meter stürzt das Wasser hier in die Tiefe, das reicht aus, um damit sogar Strom zu erzeugen. Anspruchsvoller ist eine Klettersteigtour, von der es in der bergigen Umgebung einige gibt. Im Winter locken kilometerlange Loipen die Gäste auch bei Minustemperaturen hinaus in den Schnee. In der Nähe gibt es außerdem mehrere Golfplätze, Sommerrodelbahnen und natürlich Wintersportgebiete. Eine Unterscheidung zwischen Zielen in Deutschland und Österreich gibt es so nahe an der Grenze nicht. Bereits nach wenigen hundert Metern steht man nämlich schon im Nachbarland.

Der Platz ist offen für alle Reisende, egal ob mit Zelt, Camper oder Wohnwagen. Eine Ferienwohnung und das Schlaffass »Wolpertinger« vervollständigen das Angebot. Frische Brötchen und Getränke bekommt man im platzeigenen Kiosk und im urigen Restaurant gibt es deftige Hausmannskost.

Camping Aach · Aach 1 · 87534 Oberstaufen · Tel. 08386/363
camping-aach.de · GPS: 47.52246, 9.97370

↑ Das weite Tal lädt zum Wandern ein.
↓ Vor dem Schlaffass gibt es sogar eine eigene Terrasse.

↑ Der Fuhrpark für die kleinen Gäste steht schon bereit.
↓ Abends kann man über der Feuerschale sein Stockbrot drehen.

73 Bergluft auf Rezept

GLASKLARE LUFT, strahlend blauer Himmel, rundherum ein Alpenpanorama wie aus dem Bilderbuch: Hier, direkt am Bergpass bei Oberjoch, ist Feinstaub ein Fremdwort und von Smog keine Spur. Damit das auch so bleibt, haben sich die Betreiber des Campingplatzes Bergheimat einiges einfallen lassen in puncto Nachhaltigkeit. Geheizt wird zum Beispiel mittels einer modernen Pellet-Heizung, Buchung und Abrechnung erfolgen digital. Der (Öko-) Strom an den Stellplätzen wird nicht pauschal, sondern nach Verbrauch abgerechnet. Damit schonen die Gäste nicht nur ihren Geldbeutel, sondern nebenbei auch die Umwelt. Nachts kommt der unvergleichliche Sternenhimmel dank spärlicher Beleuchtung, Stichwort: Lichtverschmutzung, so richtig zur Geltung. Das Konzept ist eingebettet in das »Ökomodell Bad Hindelang«. Dies ist ein Zusammenschluss von Bergbauern, die sich bereits seit 30 Jahren um den Erhalt der wunderschönen Bergnatur bemühen.
Mit der in der Übernachtung inbegriffenen Gästekarte Bad Hindelang sind die Gondeln und viele weitere Attraktionen rund um den Campingplatz kostenlos nutzbar! Inkludiert sind sogar Führungen in die Berge wie die beliebten Heilkräuterwanderungen. Alle Touren können vom Campingplatz aus starten, das eigene Fahrzeug kann stehen bleiben. Das ist auch gut so, denn im Winter ist die Anfahrt schon eine kleine Herausforderung, es gilt Schneekettenpflicht.
Nach einem anstrengenden Tag in den Bergen laden eine muckelig warme Kaminstube oder eine heiße Sauna zum Entspannen ein. Die allerwichtigsten Kleinigkeiten, zum Beispiel Gummibärchen und Schoki, gibt es an der Rezeption und morgens bringt der örtliche Bäcker frische Brötchen vorbei.

Camping Bergheimat · Paßstr. 60 · 87541 Oberjoch · Tel. 08324/7108
camping-bergheimat.de · GPS: 47.517567, 10.421744

74 Hol dir die Berge an den Strand

JEDES JAHR STELLT SICH WIEDER DIE FRAGE, wohin es in den Urlaub gehen soll. Der eine möchte lieber ans Wasser, die andere in die Berge. Es gibt jedoch eine einfache Lösung, bei der niemand zurückstecken muss! Der am schönen Riegsee gelegene Campingplatz Brugger hat die perfekte Mischung zu bieten: Erholung am See und die Bergwelt des Alpenvorlands. Auf terrassierten Stellplätzen hat man auch von weiter hinten einen fantastischen Ausblick auf den See mit einem beeindruckenden Bergpanorama im Hintergrund.

Die Gegend lockt natürlich vor allem Wanderfreunde und Bergbegeisterte an. Bei Ausflügen rund um den Platz oder in die nahe Zugspitzregion bekommen die Wanderstiefel richtig etwas zu tun. Für Nicht-Bergsteiger ist das Murnauer Moos eine gute Alternative. Ein beschilderter Rundweg führt hier auf 12 Kilometern durch die Naturlandschaft, immer mit Blick auf die Berge. Für Radtouren bietet sich eine Runde entlang des Riegsees oder in das Städtchen Murnau und den danebenliegenden Staffelsee an. Abseits des Seeufers wird es schnell anspruchsvoller, dafür werden die Ausblicke immer spektakulärer.

Trotz der Nähe zu den hohen Bergen ist der Riegsee einer der wärmsten Badeseen Bayerns. Das muss natürlich ausgenutzt werden. Vom eigenen Badestrand aus ins Wasser springen oder mit dem ausgeliehenen SUP auf dem See ein paar Kreise ziehen – danach gibt es am Kiosk eine kleine Stärkung. An Land sorgen Volleyballnetz, Spielplatz und Tischtennis dafür, dass keine Langeweile aufkommen kann. So vergeht ein sonniger Tag nach dem anderen. Für den großen Hunger gibt es ein Restaurant am Eingang des Platzes. Auch Hunde sind hier willkommen, sie dürfen sogar am platzeigenen Hundestrand in den See springen.

Camping Brugger am Riegsee · Seestraße 2 · 82447 Spatzenhausen
Tel. 08847/728 · camping-brugger.de · GPS: 47.706570, 11.218025

↑ Auch von den oberen Plätzen gibt es einen schönen Seeblick.

↓ Die perfekte Mischung aus Alpenidylle und Badespaß

↑ Gemütlich am Kamin sitzen, da kann es draußen ruhig schmuddelig sein.
↓ Die alte Scheune wurde liebevoll restauriert und modernisiert.

75 Lieblicher Weingenuss

IM LIEBLICHEN TAUBERTAL, in einem abgelegenen Ortsteil des Weinortes Weikersheim, findet sich dieser urgemütliche und gleichzeitig moderne Campingplatz. Gelegen auf einer Halbinsel zwischen zwei Bächen, finden hier bis zu 70 Camper auf dem zwei Hektar großen Gelände Platz. Erst 2008 eröffnet, wurde die ehemalige Scheune der namensgebenden Schwabenmühle umgebaut und beherbergt nun Rezeption und Sanitäranlagen.

Das »liebliche Taubertal« ist übrigens die Selbstbezeichnung der Ferienregion und findet sich unter anderem im gleichnamigen Radweg wieder, der auf 100 Kilometern von Rothenburg ob der Tauber nach Wertheim am Main führt. Der mehrfach ausgezeichnete Weg verläuft direkt durch Weikersheim und ist schon lange kein Geheimtipp mehr. Eine Etappe von ca. 30 Kilometern führt die Radler vom Platz aus an den Anfang des Weges ins entzückende Rothenburg ob der Tauber. Wer lieber mit den »Öffis« unterwegs ist, der steigt in die Buslinie »Romantische Straße« ein. Eine Kombination ist ebenfalls möglich, in der Tauberbahn ist die Fahrradmitnahme kostenlos.

Die ganze Region steht im Zeichen des Weinanbaus. Wanderungen durch die Weinberge der Umgebung gehören für die meisten Gäste ebenso zum Pflichtprogramm wie eine kleine Weinprobe bei einem örtlichen Winzer. An jedem zweiten Septemberwochenende wird im Ortsteil Laudenbach, in dem der Campingplatz liegt, ein traditionelles Weinfest gefeiert. Man muss jedoch nicht in die Ferne schweifen, der Wein fürs Abendessen kann auch im platzeigenen Kiosk erstanden werden. Mit seiner kleinen Leseecke, Brötchenservice und E-Bike-Verleih lässt die Schwabenmühle keine Wünsche offen.

Camping Schwabenmühle · Weikersheimer Straße 21
97990 Weikersheim-Laudenbach · Tel. 07934/99 22 23
camping-schwabenmuehle.de · GPS: 49.457998, 9.927091

76 Perle des Kochertals

DIE IMPOSANTE KOCHERTALBRÜCKE, ein Abschnitt der A 6 zwischen Heilbronn und Nürnberg, ist bestimmt vielen ein Begriff. Auf beiden Seiten der Brücke erstreckt sich das grüne Tal des Kochers – sogar von oben sieht es idyllisch aus. Das ist es auch auf den zweiten Blick, und wer auf dem Naturcampingplatz Braunsbach Urlaub macht, darf Natur pur erleben. Direkt am Ufer des Kochers gelegen, sieht man bei Spaziergängen die Brücke in der Ferne, doch hier unten ist es herrlich ruhig. Vom Ort getrennt durch den Fluss, beginnen auf der anderen Seite des Platzes bereits die bewaldeten Hänge der umliegenden Berge.

Ein Sprung in den Fluss oder doch lieber nur die Angel auswerfen? Die Gäste haben viele Freizeitmöglichkeiten. Auch kleinere Kanutouren sind hier möglich. Rund um Braunsbach gibt es einige Wander- und Fahrradwege, die hinauf und hinaus in die hügelige Landschaft führen. Eines der ausleihbaren E-Bikes kann dabei helfen, die Berge zu bezwingen. Ein Highlight für Tierfreunde ist ein Ausflug in die Bielriet Falknerei. Der Weg dorthin ist gut mit dem Fahrrad zu bewältigen. Mit Eulen kuscheln oder mit Greifvögeln wandern, die spannenden Erlebnisse gibt es nur nach Voranmeldung. An Regentagen kann man es sich mit Brettspielen – ausleihbar am Imbiss auf der Anlage – gemütlich machen.

Kleinigkeiten zum Essen und Einkaufen gibt es im Kiosk auf dem Platz. Über die kleine Brücke sind es nur wenige hundert Meter bis in den Ort Braunsbach, wo es Einkaufs- und Einkehrmöglichkeiten gibt, schließlich soll beim abendlichen Grillen niemand darben müssen. Auf den knapp 80 Stellplätzen und zwei Zeltwiesen ist gerade im Sommer einiges los. Dennoch wird es sicherlich eine ruhige Nacht, die viele frische Luft macht zuverlässig müde.

Naturcamping Braunsbach · Im Brühl 1 · 74542 Braunsbach
Tel. 07906/94 06 73 · camping-braunsbach.de · GPS: 49.196841, 9.791677

↑ Der Platz hat von April bis Oktober geöffnet.

↓ Im Grünen ist man bereits, wenn man sich vor die Tür des Wohnmobils begibt.

77 Auf diese Steine können Sie bauen

IN EINEM NATURSCHUTZGEBIET direkt am Steinbacher See liegt ein kleiner, aber feiner familiengeführter Campingplatz. Der Steinbacher See – Namensgeber des Platzes – ist ein aufgestauter Teilbereich des Kochers, der auch durch das nahe Schwäbisch Hall fließt. Baden kann man in dem Stausee leider nicht, dafür gibt es jede Menge anderer Freizeitmöglichkeiten. Auf dem Platz selbst geht es beschaulich zu, man ist schließlich zum Entspannen hier. Erst einmal in Ruhe ankommen, den Camper auf einem der grünen Wiesenplätze abstellen und dann kann die Umgebung erkundet werden.

Über dem Platz thront bereits das erste Ausflugsziel: Das über 900 Jahre alte Benediktinerkloster Großcomburg zeugt von jahrhun-

Kein Animationsprogramm, sondern Entspannung ist hier angesagt.

dertealter Tradition und Architektur. Immer wieder wurden Teile erneuert und angebaut, sodass heute ein architektonischer Ritt vom Mittelalter bis zum 18. Jahrhundert auf die Besucher wartet. Historisch bedeutsam ist auch Schwäbisch Hall. Ein Wander- und Radweg führt am Kocher entlang direkt in die hübsche Altstadt. Darf es auch ein bisschen Kultur sein? Die Kunsthalle Würth, ein privates Museum der gleichnamigen Firma, präsentiert in einer ehemaligen Brauerei in der Innenstadt wechselnde zeitgenössische Ausstellungen. Wer genug vom »Stadtleben« hat, folgt einfach dem Kocher-Jagst-Radweg hinaus in die schwäbische Natur.
Oder man zieht sich zurück auf den Campingplatz und lauscht den vielen Vogelstimmen, die dank des ruhigen Naturschutzgebiets drumherum gut zu hören sind. Der Platz ist von April bis Oktober geöffnet.

Campingplatz am Steinbacher See · Mühlsteige 26 · 74523 Schwäbisch Hall
Tel. 0791/29 84 · camping-schwaebisch-hall.de · GPS: 49.097337, 9.742283

Die gemütliche Kneipe mit Biergarten ist der Treffpunkt für den Abend.

78 Die schönsten Ecken sind rund

DIE ROMANTISCHE STRASSE ist eine der ältesten und bekanntesten Ferienrouten des Landes. Von Würzburg nach Füssen, vom Main bis zu den Alpen führt sie vorbei an zahlreichen Sehenswürdigkeiten Süddeutschlands. Ungefähr auf der Mitte der Strecke kann man sich nahe des mittelalterlichen Städtchens Nördlingen auf eine Zeitreise begeben. Angekommen auf dem Campingplatz Ringlesmühle, fällt zunächst auf: Es ist schön übersichtlich hier. Auf dem Platz mitten im Naturschutzgebiet können sich die Camper in der Nebensaison entspannt selbst einen Platz in der großen Rotunde suchen. Komplizierte Karten, um sich zurechtzufinden, benötigt man nicht. Dennoch ist alles da, was ein Campingplatz so braucht. Es gibt einen kleinen Badesee zum Planschen und abends wird gemeinsam ums Lagerfeuer gesessen. Egal, ob man allein anreist oder in der Gruppe, auf dieser Anlage findet man schnell Anschluss.

Dabei können dann Geschichten über die begangenen Zeitreisen ausgetauscht werden, denn die Geschichte dieser Region hat es in sich. Vor ca. 15 Millionen Jahren geschah hier eine Katastrophe: Zwei riesige Meteoriten rasten auf die Erde zu und schlugen dort ein, wo heute Nördlingen und die umliegenden Dörfer liegen. Wie genau der runde Krater des Nördlinger Ries entstand, was danach passierte und warum es genau genommen keine zwei Meteoriten waren – das alles erfährt man bei einem Besuch in den Infozentren des Geopark Ries. Nördlingen selbst ist ebenfalls ein Juwel unter den historischen Städten! Die mittelalterliche Innenstadt ist noch komplett von einer begehbaren (!) Stadtmauer umgeben. So kann die Altstadt mit ihren schmucken Häuschen einmal aus einer anderen Perspektive betrachtet werden.

Campingplatz Ringlesmühle · Ringlesmühle
73469 Riesbürg-Utzmemmingen
Tel. 07362/21377 · ringlesmuehle.de · GPS: 48.826018, 10.410867

↑ **Der Badesee lädt zu einem kurzen Hüpfer ins kühle Nass ein.**
↓ **Die Saison dauert hier von Ostern bis Oktober.**

↑ Die beiden Poitou-Esel Beppo und Robin freuen sich über Besucher.
↓ Bunt und ausgefallen sind die vielen Zirkuswagen.

79 Nomad's Land

DAS KLISCHEE VOM DIGITALEN NOMADENTUM mit Laptop am Strand ist heutzutage in aller Munde. Wie ein ursprünglicher »Off-line-Nomade« jedoch kann man sich hier auf dem Hofgut Hopfenburg bei Münsingen in der Schwäbischen Alb fühlen. Beim Anblick der liebevoll restaurierten bunten Zirkuswagen und schnuckeligen Tipis kommt ein Gefühl von Freiheit und Nostalgie auf – vor allem, wenn man mit seinem rollenden Zuhause mittendrin steht.

Nicht nur die Unterkünfte sind ausgefallen, außergewöhnliche Tiere haben hier ebenfalls ein Zuhause gefunden, denn das Hofgut hat sich dem Erhalt seltener Nutztierrassen verschrieben. So gibt es hier neben der kleinsten mitteleuropäischen Rinderrasse auch die schwerste Eselrasse zu bestaunen. Anfassen und streicheln ist bei den zottigen Eseln ausdrücklich erwünscht.

Außerdem wird auf dieser Anlage viel für den Erhalt der Umwelt getan. So gibt es ein eigenes Blockheizkraftwerk und für die Unterkünfte wurden biologische Baustoffe verwendet. Der kleine Hofladen bietet neben der Grundversorgung auch Kunsthandwerk aus der Region sowie Säfte von den eigenen Streuobstwiesen. Fürs Frühstücksbuffet ist gleichfalls gesorgt, dieses kann am Vortag reserviert werden.

Das Hofgut hat ganzjährig geöffnet, während der Schulferien wird ein abwechslungsreiches Kinderprogramm rund um den Bauernhof angeboten. Wer lieber in Ruhe das Landleben genießen möchte, sollte eher auf die Nebensaison ausweichen. Auch im Frühjahr und Herbst gibt es im Biosphärenreservat Schwäbische Alb viel zu entdecken. Im Winter steht nur eine eingeschränkte Anzahl an Stellplätzen zur Verfügung, daher sollte vorher reserviert werden. Hunde sind auf Anfrage erlaubt. Es gibt Platz für ca. 60 Camper.

Hofgut Hopfenburg · Hopfenburg 12 · 72525 Münsingen
Tel. 0381/93119311 · hofgut-hopfenburg.de · GPS: 48.402882, 9.506843

80 Ungestörter Empfang …

… FÜR DIE SINNE! Mitten im Schwarzwald, beim Natur-Camping Langenwald, kann man sich voll und ganz auf das Wesentliche konzentrieren. Handyempfang hat man hier keinen, dafür lenkt nichts von der herrlichen Natur ab. Es gibt nichts Schöneres, als entspannt am Bach zu sitzen und dem Plätschern zu lauschen oder in die Baumwipfel zu gucken und zu beobachten, wie sie sich im Wind wiegen. Und wer doch nicht ganz aufs Internet verzichten kann oder möchte, für den gibt es WLAN auf dem Platz.
Die Wanderschuhe müssen hier auf jeden Fall mit ins Gepäck! Rund um den Platz gibt es zahlreiche Wanderwege durch den dichten Wald. Ein längerer Spaziergang führt ins benachbarte Freudenstadt. Der kleine Ort besitzt kurioserweise den größten Marktplatz Deutschlands, ein Überbleibsel der hochtrabenden Pläne eines württembergischen Herzogs aus dem 16. Jahrhundert. Heute ist der Platz mit seinen Wasserfontänen ein beliebtes Ausflugsziel. Auch mit dem Fahrrad kann man Ausflüge machen. Neben den befahrbaren Wanderwegen gibt es auch geteerte Strecken für (Renn-) Radler. Wer die direkte Umgebung bereits erkundet hat, auf den wartet der nur wenige Kilometer entfernte Nationalpark Schwarzwald mit verschiedenen Erlebnispfaden und wilden Wasserfällen. Dank der im Übernachtungspreis mitinbegriffenen KONUS-Karte steht Gästen des Campingplatzes der gesamte öffentliche Nahverkehr kostenlos zur Verfügung. So kann der fahrbare Untersatz bequem auf dem Platz stehen bleiben. Neben großzügigen Stellplätzen mit Strom- und Wasseranschluss gibt es einen kleinen Laden und ein eigenes Restaurant. Sportbegeisterte toben sich aus bei Volleyball und Tischtennis, zum Abkühlen ist ein Sprung ins Schwimmbad der Anlage oder in den »hauseigenen« Bach zu empfehlen.

Natur-Camping Langenwald · Straßburger Str. 167 · 72250 Freudenstadt
Tel. 07441/28 62 · camping-langenwald.de · GPS: 48.458521, 8.373000

↑ Die Natur spielerisch entdecken, direkt auf dem Platz

↓ Nicht nur am Pool, auch auf dem Spielplatz kann man sich austoben.

Das Naturcamping Langenwald schmiegt sich ins kleine Tal.

↑ Das Tal ist breit genug, so bleibt viel Sonne für die Camper.
↓ Im modernen Sanitärgebäude gibt es auch einen Koch- und Spülraum.

81 Mitten zwischen den Felsen

MITTELTAL HEISST DER ORTSTEIL von Baiersbronn, an dessen Rand sich dieser kleine Campingplatz eingerichtet hat. Der Name trifft es gut, denn wir befinden uns mitten im Schwarzwald – und mitten in einem Tal. Rechts und links des in der Ebene gelegenen Natur-Camps Tannenfels ragen bereits die Hügel des Schwarzwalds auf. Zwischen Flüsschen, Naturbad und Straße ist genug Platz für Zeltende und Camper mit Wohnmobilen oder Wohnwagen.

Hier kann man das ganze Jahr über die Schönheit der Natur genießen. Mehrere Wanderwege führen direkt am Platz vorbei. Allein deren Namen lassen einen schon die nächste Tour planen: Von Mitteltal aus führt die Naturgewalten-Tour als einer der Baiersbronner Himmelswege auf einem Rundweg durch das Bösellbachtal und das Gutellbachtal – nein, die Namen sind nicht ausgedacht! Der Bösellbach, also der böse Ellbach, trägt seinen Namen aufgrund zahlreicher verlustreicher Überschwemmungen im Übrigen zu Recht. Wer die Urgewalt der Natur hautnah erlebt hat, sieht die Umgebung mit anderen Augen.

Doch Baiersbrunn hat noch mehr zu bieten: Als Genussregion gibt es hier gleich mehrere Genießerpfade, die nicht nur sagenhafte Aussichten, sondern auch sagenhafte Kulinarik versprechen. Das verbindet das Beste aus zwei Welten: sportliche Herausforderung mit leckerer Belohnung.

Rund um den Campingplatz kann ebenfalls genussvoll gespeist werden und vorne an der Straße steht ein Automat mit regionalen Produkten zur Verfügung. Der Lebensmitteleinkauf lässt sich mit dem Fahrrad erledigen. Ein Pluspunkt für Hundefreunde: Die Vierbeiner sind nicht nur erlaubt, sie sind auch im Übernachtungspreis inbegriffen.

Natur-Camp Tannenfels · Ruhesteinstraße 413 · 72270 Baiersbronn
Tel. 0163/192 32 24 · naturcamp-tannenfels.de · GPS: 48.527910, 8.305488

82 Camping wie im eigenen Garten

KEINE PARZELLEN engen hier die Besucher ein. Es gibt keine Mobilheime und keine betonierten Zufahrtswege. Man steht unter großen, alten Bäumen, ein kleiner Bach durchzieht das Grundstück. Ein bisschen wie Camping im eigenen Garten, so fühlt es sich an. Nur, dass es eben der Garten von Familie Grässel ist. Bereits in der siebten Generation wohnen und arbeiten sie hier. Aus der Müllerfamilie gingen Erfinder und Maler hervor und seit den 1970er-Jahren werden hier Camper willkommen geheißen.
Ganz absichtlich soll auf dem nun sanierten Platz der Nostalgie-Charme erhalten bleiben. Das zieht immer wieder »Knutschkugeln« und Oldies an, die sich hier perfekt einfügen. Im Umkehrschluss ist jedoch zu beachten, dass die Wohnmobile in den letzten 50 Jahren ziemlich gewachsen sind, die Toreinfahrt jedoch nicht. Somit ist der Zugang nur mit Vans und Kastenwagen bis zu einer Höhe von 2,7 Metern und einer Länge von sechs Metern möglich. Um für jeden ein schönes Plätzchen zu finden, sollten die Maße des eigenen Fahrzeugs bei der Reservierung angegeben werden. Bitte beachten: Der Platz hat keine Ver- und Entsorgung.
Ist das Plätzchen dann gefunden, darf das rollende Zuhause auch gerne dort stehen bleiben. Um die Umgebung zu erkunden, reichen zwei Füße, Fahrrad oder der ÖPNV aus. In den umliegenden Orten gibt es einige Cafés und Restaurants, und wer nicht so weit laufen möchte, der muss nur einmal die Straße überqueren und sitzt im Gasthaus Grässelmühle. Mit dem Bus kann man sogar bis zum Nationalpark Schwarzwald fahren. Die Fahrkarte (KONUS-Karte) ist im Stellplatzpreis inbegriffen. Alle Essens-, Einkaufs-, Wander- und Ausflugsmöglichkeiten werden auf der Website des Platzes ausführlich beschrieben.

Camping Grässelmühle · Blumberg 1 · 77880 Sasbach · Tel. 0160/4058259
camping-obersasbach.de · GPS: 48.62488, 8.10563

Vom Oldie bis zum neuen Van, hier finden alle ein Plätzchen.

↑ Der See ist auch Mittelpunkt eines tollen Wandernetzes.
↓ Der Campingplatz hat ab Mitte März geöffnet.

83 Von der Natur erobert

VOR RUND 100 JAHREN wurde der Kirnbergsee im Südschwarzwald zur Stromversorgung aufgestaut. Seitdem hat er sich zu einem beliebten touristischen Ziel gemausert, ist er doch der wärmste Badesee des Schwarzwalds. Im Naturpark Südschwarzwald wird der Schutz der Tier- und Pflanzenwelt großgeschrieben, für Hunde gilt daher eine strikte Leinenpflicht. Erlaubt und ausdrücklich willkommen sind Hunde auf dem Campingplatz Kirnbergsee. Am nördlichen Ufer des Stausees gelegen, ist der Platz ein hervorragender Ausgangspunkt, um den Schwarzwald zu erkunden.
Freizeitmöglichkeiten gibt es am See und in der Umgebung mehr als ausreichend. Seine schön angelegten Badestrände laden zum Planschen und Schwimmen ein. Gesäumt von Blumenwiesen und Wäldern, ist er eingebettet in ein Netz aus Wander- und Radwegen. Ein Beispiel: Der gut 100 Kilometer lange Premiumwanderweg WasserWeltenSteig führt auf der Strecke von Deutschlands höchstem Wasserfall zum Rheinfall in der Schweiz direkt am Campingplatz vorbei.
Ein tolles Ausflugsziel für Wanderer ist auch die bis zu 170 Meter tiefe Wutachschlucht bei Bonndorf mit ihren rauschenden Wasserfällen. An verregneten Tagen ist das Badeparadies Schwarzwald am Titisee zu empfehlen. Nur eine halbe Stunde mit dem Auto vom Campingplatz entfernt, versprechen Sauna und Mineralienpools Wärme und Entspannung.
Auf dem oberen Teil des Campingplatzes finden Wohnmobile und Wohnwagen großzügig bemessene Rasenplätze. Es gibt natürlich auch einen direkten Zugang zum See mit Badestrand. Abends warten leckere Pizzen im platzeigenen Restaurant auf die hungrigen Urlauber.

Campingplatz Kirnbergsee · Seestraße 15 · 78199 Bräunlingen-Unterbränd
Tel. 07654/7510 · campingplatz-kirnbergsee.de · GPS: 47.92951, 8.36505

84 Schroffe Schönheit

URLAUB MIT BLICK auf eine Fast-Rekordhalterin – die Donau ist immerhin der zweitlängste Fluss Europas! An einem, im Vergleich, mikroskopischen Abschnitt des knapp 3000 Kilometer langen Flusses liegt der kleine Campingplatz Wagenburg. Wir befinden uns im Oberen Donautal, nicht weit, auch wieder relativ gesehen, vom Ursprung des Flusses entfernt. Die grün gesäumten Ufer des Flusses laden zum Verweilen ein, der Blick schweift vom Wasser hinauf zu bewaldeten Hängen und steil aufragenden weißen Felsen.

Ein Paradies für Wanderer, Radfahrer, Paddler und Kletterer. Die erste Etappe des Donau-Zollernalb-Wanderwegs führt ebenso direkt am Platz vorbei wie der Donauradwanderweg. Auf Letzterem lässt sich der nahe Donaudurchbruch – es gibt nicht nur den in Kehlheim! – in seiner ganzen Schönheit erfahren. In dem Tal zwischen Sigmaringen und Fridingen, rund um das Benediktinerstift Beuron, bieten die hohen Felswände des Durchbruchs einen besonders spektakulären Anblick. Kanutouren können in der Nähe des Platzes gebucht werden und Kletterer finden mit dem Stuhlfels eine Herausforderung in Laufnähe. In der näheren Umgebung hat man noch zahlreiche weitere Möglichkeiten, sein Geschick an den schroffen Felswänden zu erproben.

Unter den ca. 100 Stellplätzen gibt es viel freie Auswahl auf offenem Wiesengelände. Außerdem sind einige befestigte Plätze vorhanden, die auch für schwere Fahrzeuge geeignet sind. Der Kiosk mit Außenbereich ist mit WLAN ausgestattet. Weitere Einkaufsmöglichkeiten finden sich erst wieder in Schwenningen/Baden oder Sigmaringen, daher sollte man sich vor der Anreise gut eindecken. Der Saisonstart ist Ende April, ist jedoch auch vom Wasserstand der Donau abhängig und wird auf der Website bekannt gegeben.

Camping Wagenburg · Kirchstr. 24 · 88631 Beuron/Hausem i. Tal
Tel. 07579/559 · camping-wagenburg.de · GPS: 48.085108, 9.040517

↑ Das Obere Donautal ist ein Naturparadies.
↓ Auf dem kleinen Platz ist jeder willkommen.

↑ Die größte Badewanne Deutschlands
↓ Der moderne Platz ist ECOCAMPING-zertifiziert.

85 See und Blütentraum

DER BODENSEE ist eines der beliebtesten Ausflugsziele Süddeutschlands und jedem ein Begriff. Nahe Konstanz und mit Blick auf die wohl bekannteste Insel des Bodensees hat sich der kleine Naturcampingplatz Litzelstetten-Mainau eingerichtet. Ein eigener Seezugang, ein modernes Sanitärgebäude und ein kleines Bistro mit Aufenthaltsraum – mehr braucht es nicht für einen entspannten Urlaub.

Die ganze Region rund um den Bodensee ist ein Touristenmagnet und so gibt es tausendundeine Möglichkeit, die Tage hier mit Abenteuern aller Art zu füllen. Zur Insel Mainau können die Gäste bequem laufen. Morgens, bevor die Tagestouristen kommen, haben sie die Blumeninsel noch ganz für sich. Blütenfans aufgepasst: Auf der Website der Insel findet sich eine Übersicht, welche Blumen gerade in voller Pracht stehen! Auch Konstanz ist vom Platz aus gut mit dem Fahrrad oder den »Öffis« zu erreichen, die Fahrkarte gibt es zur Übernachtung kostenlos dazu. Die größte Stadt am Bodensee lädt mit einer schmucken Altstadt und vielen Sehenswürdigkeiten zum Entdecken ein. Besonders beliebt: Die Statue »Imperia« im Konstanzer Hafen. Ein Tipp für Radfahrer, die um den See fahren möchten: Immer im Uhrzeigersinn fahren, so bleibt man stets auf der Seeseite der Straße.

Der terrassenförmig angelegte Platz ist klein und charmant und bietet Platz für Zelte sowie Campervans mit einer Länge von bis zu sechs Metern. Es ist außerdem möglich, in Glampingzelten zu nächtigen. Für größere Wohnmobile eignet sich der nahegelegene und dazugehörige größere Campingplatz Klausenhorn. Hier gibt es auch jede Menge Freizeitangebote, die von den Gästen beider Plätze genutzt werden dürfen.

Naturcamping Litzelstetten-Mainau · Großherzog-Friedrich-Str. 43
78465 Konstanz-Litzelstetten/Bodensee · Tel. 07533/949763
naturcamping-mainau.de · GPS: 47.711562, 9.180676 · mainau.de

Der beste Freund des Menschen
darf im Urlaub nicht fehlen.

Bildnachweis

Umschlagvorderseite und Autorenporträt: Sebastian Hilke; Umschlagrückseite: Natur Camping Usedom. S. 7 Campingplatz Am Schaproder Bodden, S. 9: Hof Frida, S. 10 u. 11: Campingplatz am Wiesengrund, S. 12 o.: Luftbildservice Bernot, S. 12 u.: Belt-Camping-Fehrmarn, S. 15: Bauernhof Kleingarn, S. 16: Camp Langholz, S. 19: Naturcampingplatz Hellör, S. 20: Campingplatz am alten Seedeich, S. 23: Schaalsee-Camp, S. 24: Campingplatz am Wiesengrund, S. 27: Inselcamping Werder, S. 28: Genuss-Ferien – Natur- und Strandcamping Jabelscher See, S. 31: Campingplatz Ecktannen, S. 32: Seeweide Naturcamping Penzlin, S. 35: Naturcamping Zum Hexenwäldchen, S. 36: Natur Camping Usedom, S. 39: Wohnmobilstellplatz Barhöft, S. 40: Naturcamp Pruchten, S. 43: Campingplatz Am Schaproder Bodden, S. 44 u. 45: Camping Land an der Elbe, S. 47: Heidehof Radenbeck, S. 48: Uhlenköper-Camp, S. 51: Campingpark Fuhrenkamp, S. 52: Martin Rink, S. 55: Campingpark Schellental, S. 56: Hof Frida, S. 59: Moorcamp, S. 60: Friesland Camping, S. 63: Reisemobilpark Sagter-Ems, S. 64: o. shutterstock/mmuenzel, u. Campingplatz Emstal, S. 66 u. 67: Naturcampingplatz am Springsee, S. 69: o. mauritius/Hans Blossey, u. mauritius images/Bernd Schunack, S. 70: Knattercamping, S. 73 o.: Oliver Gerhard (foto-reportage.de), S. 73 u.: René Regell, S. 74: Van Dams Kirschenhof, S. 77: Naturcampingplatz am Springsee, S. 78 u. 79: Campingplatz am Tor zum Hainich, S. 80: Campingplatz im Grünen, S. 82: Rennsteig-Caravaning Valentinsteich, S. 85: Campingplatz Am Waldbad Breitenbach, S. 86: Sebastian Hilke, S. 89: Freizeit- und Campingpark Thräna, S. 90: Sell-Hof, S. 93: Hans-Jörg Kluge, S. 94: Klostercamping Thale, S. 97: Harzer Feriengarten, S. 98: o. mauritius images/Angela Serena Gilmour/Alamy, u. mauritius images/Hubertus Blume/alamy, S. 100 u. 101: Campingplatz Trittenheim im Grünen, S. 103: Sternenzelt Alpakas, S. 104: Campingpark im Bergischen Land, S. 107: Camp Hammer, S. 108: Naturcamp Perlenau, S. 111: Terassencamping Schlierbach, S. 112: Camping Park Hammelbach, S. 114 u. 115: Camping im Eichenwald, S. 116: Campingpark Hofgut Schönerlen, S. 119: Green Camping am Rhein, S. 120: Strotzbüscher Mühle, S. 123: Campingplatz Trittenheim im Grünen, S. 124: Outdoorcampingplatz Massingsmühle, S. 127: Camping Waldfrieden, S. 128: Wohnmobilstellplatz Höhenblick, S. 131: Naturresort Waldglück, S. 132: Naturcampingplatz Am Berwartstein, S. 135: LandGut Girtenmühle, S. 136 u. 137: Camping-Paradies Franken, S. 138: Camping Sonnland, S. 141: Naturcamp Thulba, S. 142 u. 143: Camping am Leinritt, S. 145: Camping-Paradies Franken, S. 146: o. Shutterstock/imageBROCKER.com, u. Camping Haus Seeblick, S. 149: Camping Weichselbrunn, S. 150: Campingplatz Felbermühle, S. 153: Camping Seebauer, S. 154: Franz Josef´s Landresort, S. 156 u. 157: Campingplatz Schrottenbaummühle, S. 158: Camping Ottobeuren, S. 161: Camping Aach, S. 162: Camping Bergheimat, S. 165: Camping Brugger am Riegsee, S. 166: Camping Schwabenmühle, S. 169: Naturcamping Braunsbach, S. 170 u. 171: Campingplatz am Steinbacher See, S. 173: Campingplatz Ringlesmühle, S. 174: Hofgut Hopfenburg, S. 177, 178 u. 179: Natur-Camping Langenwald, S. 180: Natur-Camp Tannenfels, S. 183: Campingplatz Gräßelmühle, S. 184: Campingplatz Kirnbergsee, S. 187: Campingplatz Wagenburg, S. 188: Hari Pulko, S. 190: Seeweide Naturcamping Penzlin.

Impressum

Verantwortlich: Kerstin Thiele
Lektorat: Claudia Weingartner
Layout: Eva-Maria Klaffenböck
Kartografie: Heike Block
Repro: LUDWIG:media
Herstellung: Alexander Knoll
Printed in Poland by CGS Printing

★★★★★

Sind Sie mit diesem Titel zufrieden? Dann würden wir uns über Ihre Weiterempfehlung freuen. Erzählen Sie es im Freundeskreis, berichten Sie Ihrem Buchhändler oder bewerten Sie bei Onlinekauf. Und wenn Sie Kritik, Korrekturen, Aktualisierungen haben, freuen wir uns über Ihre Nachricht an Bruckmann Verlag, Postfach 40 02 09, D-80702 München oder per E-Mail an lektorat@verlagshaus.de.

Unser komplettes Programm finden Sie unter
www.bruckmann.de

In diesem Buch wird aus Gründen der besseren Lesbarkeit das generische Maskulinum verwendet. Weibliche und anderweitige Geschlechteridentitäten werden dabei ausdrücklich mitgemeint, soweit es für die Aussage erforderlich ist.

Die Deutsche Nationalbibliothek verzeichnet diese Publikation in der Deutschen Nationalbibliografie; detaillierte bibliografische Daten sind im Internet über http://dnb.d-nb.de abrufbar.

2. aktualisierte Neuauflage

ISBN 978-3-7343-2593-9